Parabéns! A Coleção Akpalô tem um conteúdo digital completo e exclusivo esperando por você!

Para utilizar todos os recursos digitais da coleção, acesse o portal:
www.editoradobrasil.com.br/akpalo

Cadastre-se no portal e aproveite o conteúdo exclusivo!

1º - **Entre em Acesso ao conteúdo restrito**, clique em Cadastre-se e escolha a opção Aluno.

2º - **Digite o código de acesso**:

7418344A8378260

Você pode digitar todos os códigos que tiver!

3º - **Preencha o cadastro** com suas informações.

Viu como é fácil? Acesse e transforme seus estudos em uma experiência única de aprendizado.

Editora do Brasil

Liane Nascimento

Palavra de origem africana que significa "contador de histórias, aquele que guarda e transmite a memória do seu povo"

Geografia

Dados Internacionais de Catalogação na Publicação (CIP)
(Câmara Brasileira do Livro, SP, Brasil)

Nascimento, Liane
    Akpalô: geografia, 3º ano / Liane Nascimento. – 3. ed. – São Paulo:
Editora do Brasil, 2015. – (Coleção akpalô; 3)

    Bibliografia.
    ISBN 978-85-10-06040-0 (aluno)
    ISBN 978-85-10-06041-7 (professor)

    1. Geografia (Ensino fundamental) I. Título. II. Série.

15-07193   CDD-372.891

Índices para catálogo sistemático:
1. Geografia: Ensino fundamental 372.891

© Editora do Brasil S.A., 2015
Todos os direitos reservados

Direção geral: Vicente Tortamano Avanso
Direção adjunta: Maria Lucia Kerr Cavalcante de Queiroz

Direção editorial: Cibele Mendes Curto Santos
Gerência editorial: Felipe Ramos Poletti
Supervisão editorial: Erika Caldin
Supervisão de arte, editoração e produção digital: Adelaide Carolina Cerutti
Supervisão de direitos autorais: Marilisa Bertolone Mendes
Supervisão de controle de processos editoriais: Marta Dias Portero
Supervisão de revisão: Dora Helena Feres
Consultoria de iconografia: Tempo Composto Col. de Dados Ltda.

Coordenação Editorial: Júlio Fonseca
Coordenação pedagógica: Josiane Sanson
Edição: Gabriela Hengles e Camila Orsi Trevisan
Assistência editorial: André dos Santos Martins, Guilherme Fioravante e
Patrícia Pinheiro de Sant'Ana
Auxílio editorial: Caio Zarino Jorge Alves e Manoel Leal de Oliveira
Apoio editorial: Caroline Fernandes
Coordenação de revisão: Otacilio Palareti
Copidesque: Gisélia Costa e Ricardo Liberal
Revisão: Ana Carla Ximenes, Elaine Fares e Maria Alice Gonçalves
Pesquisa iconográfica: Elena Ribeiro e Maria Magalhães
Coordenação de arte: Maria Aparecida Alves
Assistência de arte: Letícia Santos
Design gráfico: Estúdio Sintonia
Capa: Maria Aparecida Alves
Imagem de capa: Rosinha
Ilustrações: Avelino Guedes, Danillo Souza, Edson Farias, Eduardo Belmiro, Flip Estúdio,
Hélio Senatore, Luis Moura, Mario Pita, Paula Radi, Paulo César Pereira, Rafael Herrera,
Reinaldo Rosa, Reinaldo Vignati, Ricardo Silva Pontes, Roberto Zoellner,
Saulo Nunes Marques e Waldomiro Neto
Produção cartográfica: DAE (Departamento de Arte e Editoração), Sonia Vaz,
Alessandro Passos da Costa, Mario Yoshida
Coordenação de editoração eletrônica: Abdonildo José de Lima Santos
Editoração eletrônica: Select Editoração
Licenciamentos de textos: Renata Garbellini e Jennifer Xavier
Coordenação de produção CPE: Leila P. Jungstedt
Controle de processos editoriais: Beatriz Villanueva, Bruna Alves, Carlos Nunes
e Rafael Machado

3ª edição / 2ª impressão, 2016
Impresso na Intergraf Ind. Gráfica Eireli

Rua Conselheiro Nébias, 887 – São Paulo/SP – CEP 01203-001
Fone: (11) 3226-0211 – Fax: (11) 3222-5583
www.editoradobrasil.com.br

Querido aluno,

O mundo nos desperta grande curiosidade. Todos os dias nos deparamos com novas imagens. O lugar onde vivemos e as paisagens observadas revelam uma grande diversidade de formas, pessoas, construções e formas de organização. É um espaço em constante transformação.

A Coleção Akpalô Geografia vai ajudá-lo a entender essa dinâmica. Nela você encontrará fotografias, ilustrações e mapas dos lugares, além de explicações, poemas, músicas, reportagens e textos apresentados para facilitar o entendimento do espaço geográfico.

As atividades são diversificadas e existem diversas situações em que você poderá refletir, descobrir, pesquisar e se divertir. E o principal: despertar seu interesse por aprender.

Esta coleção foi feita para você. Esperamos que goste! Aproveite bem este ano!

A autora

Conheça a autora

Liane Nascimento
- Especialista em Educação Ambiental.
- Graduada em Ciências Sociais e Geografia.
- Professora das redes pública e particular de ensino.
- Autora de livros didáticos para o Ensino Fundamental I.

Conheça seu livro

Baú de informações: traz textos informativos que aprofundam e complementam o conteúdo.

Diálogo inicial: apresenta o tema do capítulo com questões para iniciar o estudo dele.

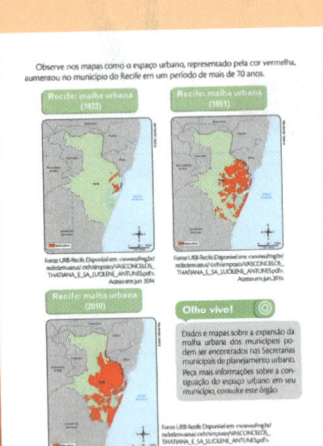

Olho vivo!: apresentada no formato de lembrete, traz orientações específicas, dicas, ou sugestões, e chama atenção para aspectos importantes do que está sendo abordado.

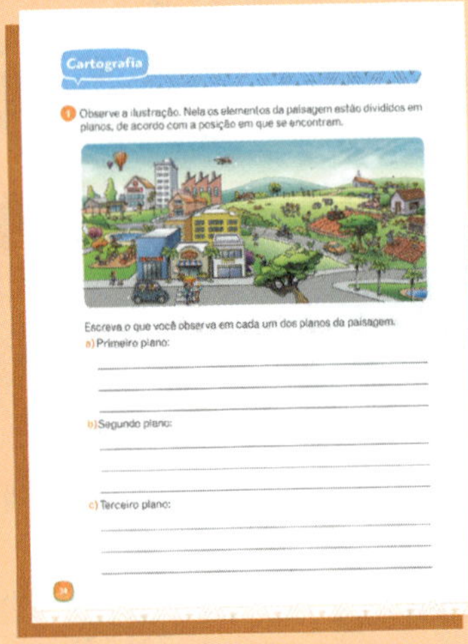

Cartografia: traz atividades que ensinam a linguagem cartográfica, necessária para a compreensão de mapas e plantas.

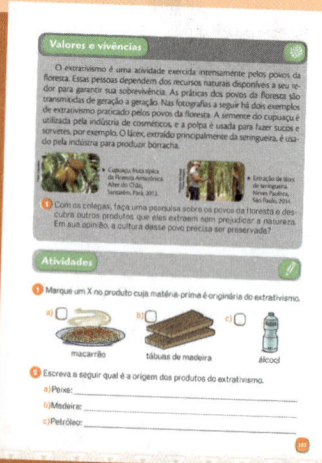

Valores e vivências: textos sobre saúde, meio ambiente, ética, formação cidadã, consumo etc. Você saberá mais sobre a maneira de cada um ser, ver, fazer e entender as diferentes situações do dia a dia.

Atividades: é o momento de refletir sobre o conhecimento adquirido e fixá-lo. Em vários momentos você encontrará atividades interdisciplinares, isto é, que trabalham assuntos de duas ou mais disciplinas.

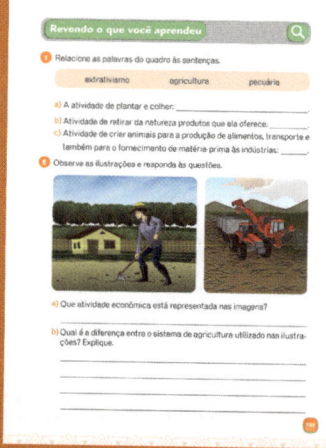

Revendo o que você aprendeu: por meio das atividades de revisão, você retomará os conteúdos explorados no capítulo, assimilando melhor o que estudou.

Brincar e aprender: atividade descontraída e contextualizada com o capítulo, que revisa ou aprofunda o conteúdo de forma lúdica.

Atividades para casa: no final do livro, você encontra atividades de todos os capítulos para fazer em casa, facilitando assim o estudo.

Para ir mais longe: gostou do assunto estudado e quer saber ainda mais? Aqui há dicas de livros, filmes e sites que poderão enriquecer seu repertório.

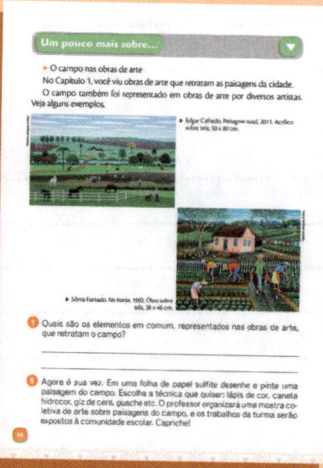

Um pouco mais sobre: textos, músicas, poemas e outros gêneros artísticos apresentam curiosidades sobre o tema estudado.

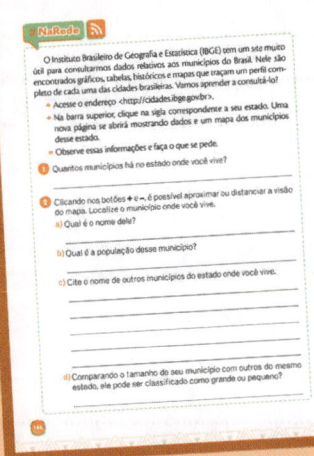

#NaRede: atividades orientadas para você começar a ter contato com o ambiente digital e, aos poucos, adquirir autonomia na hora de pesquisar na internet.

Sumário

Capítulo 1 ≫ O espaço urbano 10
As diferentes paisagens urbanas 11
Mudanças nas paisagens urbanas 16
O tamanho das cidades 18
Cidades planejadas e cidades espontâneas 20

Capítulo 2 ≫ Atividades econômicas da cidade 27
A indústria 28
O comércio 33
Diferentes formas de comércio 33
A prestação de serviços 37

Capítulo 3 ≫ O espaço urbano: moradia e ambiente 45
O antigo e o novo na cidade 46
Condições de vida nas cidades 51
A produção e o destino do lixo 52
Tratamento de água e esgoto 55
Moradia e desigualdade social nas cidades 58
Transportes nas cidades 62
Poluição urbana 65
Poluição do ar 65
Poluição da água 66
Poluição do solo 66
Poluição sonora 67
Poluição visual 67
Cuidando do ambiente das cidades 70

Capítulo 4 ≫ O espaço rural 76
Diferentes paisagens do campo 77
Tipos de propriedade no campo 77
Acesso à terra 88

Capítulo 5 ▸ Atividades econômicas no espaço rural............................ 93
Agricultura 94
Condições para o desenvolvimento da agricultura 98
Pecuária 101
Extrativismo 106

Capítulo 6 ▸ Modernização e problemas no campo 111
Modernização no campo 112
Questões ambientais 115
Problemas ambientais no espaço do campo 119

Capítulo 7 ▸ As relações entre o campo e a cidade 127
Campo e cidade 128
Um exemplo de relação campo-cidade 130
Agroindústria 136
Migração campo-cidade 138

Capítulo 8 ▸ O espaço do município 142
Estados e municípios 143
Municípios: o campo e a cidade..148
Os limites do município 150
Vias de transporte 152
O governo do município 155

Atividades para casa 160

Encartes 171

CAPÍTULO 1

O espaço urbano

Diálogo inicial

Observe a imagem e converse com os colegas e o professor sobre as questões a seguir.

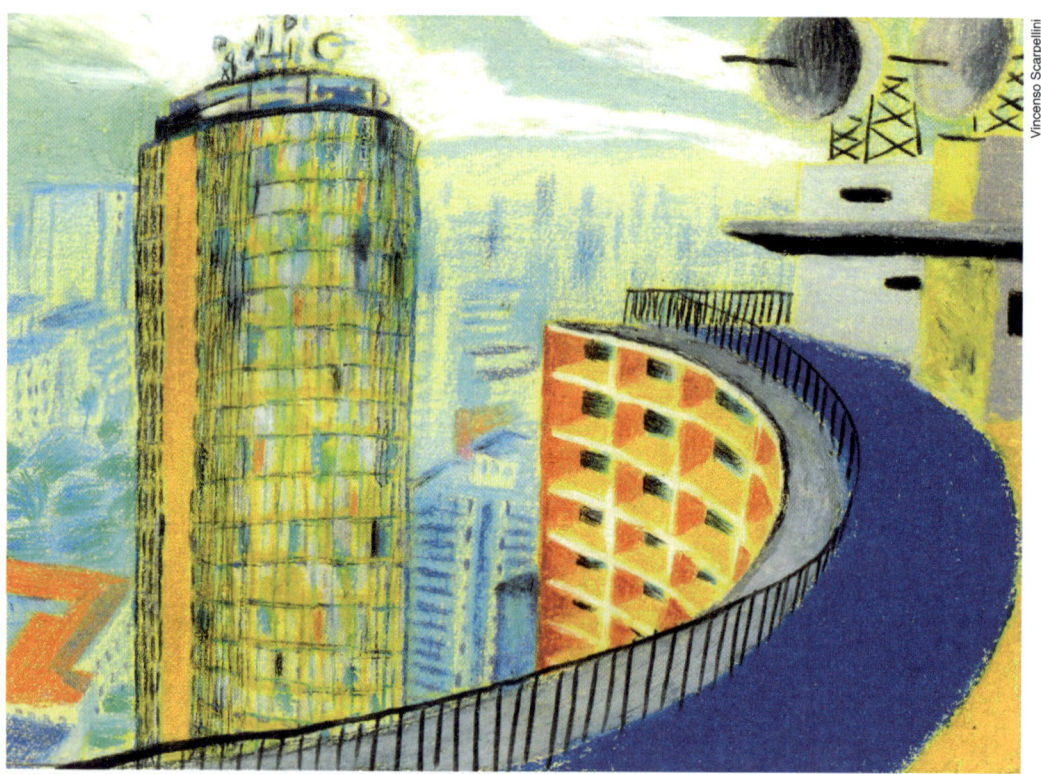

Vincenso Scarpellini

▶ Vincenso Scarpellini. *Itália e Copan*, 2002. Pastel, 14 × 10 cm.

1. A imagem mostra uma pintura da cidade de São Paulo, feita por Vincenso Scarpellini. O edifício em primeiro plano chama-se Itália. Se você fosse pintar uma cidade, como ela seria? O que ela teria? Quais seriam suas cores? E suas formas?

2. Para você, o que é a cidade? Como ela se caracteriza?

As diferentes paisagens urbanas

De acordo com o geógrafo Milton Santos, paisagem é tudo aquilo que nós vemos, tudo o que nossa visão alcança, tudo que é captado pelos sentidos. A paisagem pode apresentar elementos naturais e culturais.

As paisagens da cidade, também chamadas de paisagens urbanas, caracterizam-se por apresentar uma grande quantidade de elementos construídos pelos seres humanos. Nas grandes cidades, é comum encontrarmos muitas construções e ruas movimentadas, com intenso tráfego de veículos e de pessoas.

A cidade tem muitas paisagens diferentes. Quando um aluno, por exemplo, que mora na área urbana, sai de casa e vai para a escola, pode observar, durante o trajeto, vários aspectos da cidade e de suas paisagens.

▶ Na paisagem mostrada nesta fotografia, percebem-se características do espaço urbano, como maior número de construções, comércio e trânsito de veículos e pessoas. Recife, Pernambuco, 2012.

Observe quatro paisagens diferentes da cidade de Santarém, no Pará.

▶ Santarém, Pará, 2013.

▶ Rio Tapajós, ao fundo. Santarém, Pará, 2014.

▶ Rua comercial no centro da cidade. Santarém, Pará, 2014.

▶ Esgoto a céu aberto próximo ao Rio Tapajós. Santarém, Pará, 2014.

Veja que as paisagens urbanas mostradas são diferentes entre si, mas apresentam alguns aspectos em comum:

- poucos elementos naturais, que podem ter sido modificados pela ação humana;
- maior número de construções, como prédios e casas;
- maior concentração de pessoas e de veículos;
- predomínio de atividades comerciais, ou seja, relacionadas à compra e à venda de produtos e também à prestação de serviços.

Assim como acontece em Santarém, outras cidades brasileiras têm diferentes paisagens.

As cidades são formadas por uma área central e bairros. A área central de uma cidade é geralmente aquela onde se concentram as atividades comerciais e a que tem mais movimento.

Em muitas cidades, a área central corresponde à região mais antiga, onde começou seu povoamento.

▶ Centro Histórico de Curitiba, Paraná, 2012.

Os bairros são cada uma das partes em que se costuma dividir uma cidade, facilitando a localização e a administração pública. Cada bairro tem uma história e identidade própria, compartilhada por seus moradores. Em alguns bairros, predominam as moradias e, em outros, grande número de atividades comerciais e empresas de prestação de serviços, por exemplo. Em outros, ainda, predominam as indústrias. Existem também bairros que reúnem moradias, estabelecimentos comerciais, indústrias, escolas e postos de atendimento de saúde.

▶ Bairro residencial de Curitiba, Paraná, 2014.

▶ Área industrial de Curitiba, Paraná, 2013.

Brincar e aprender

1 Qual sombra corresponde à imagem da cidade a seguir? Assinale a sombra correta.

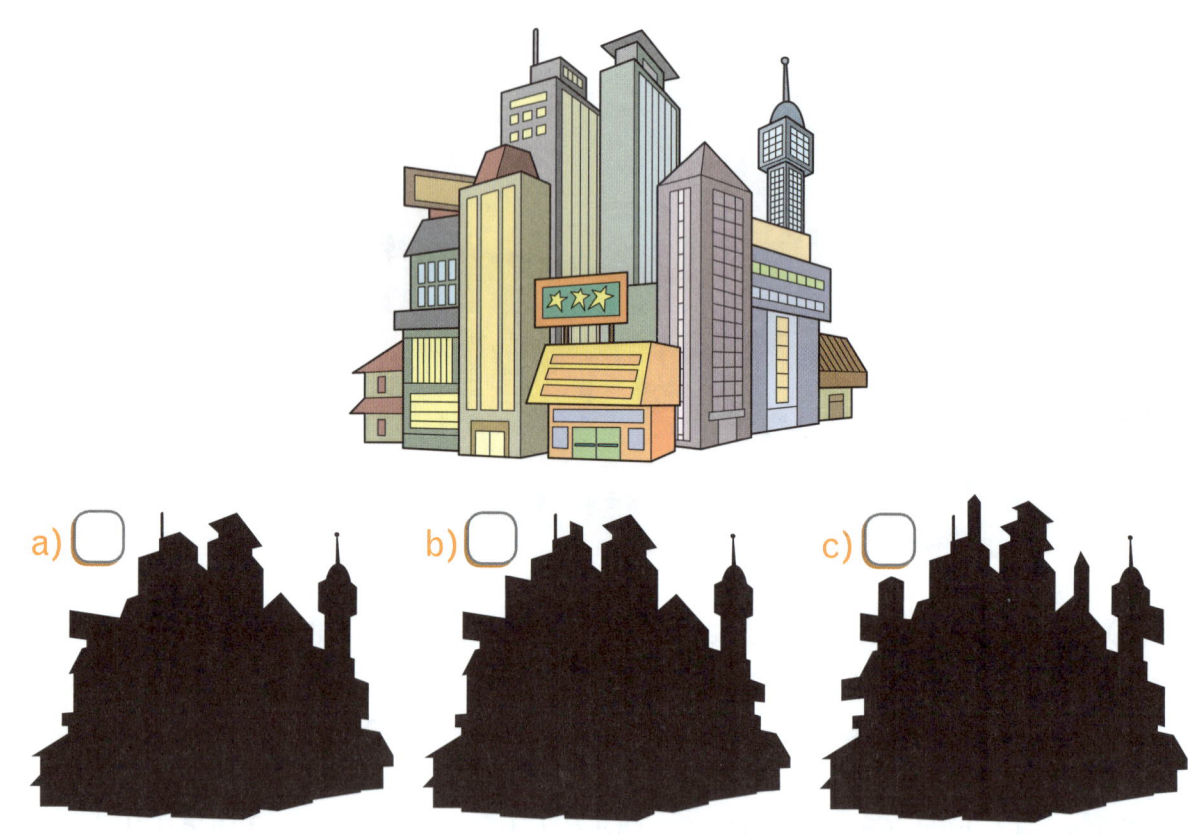

Atividades

1 Marque **V** para as frases verdadeiras e **F** para as falsas.

a) ⬜ A paisagem é formada apenas por elementos que podemos ver, como as construções.

b) ⬜ Paisagem é tudo o que vemos ou percebemos, o que nossa visão alcança. É formada por sons, cores, odores, formas e movimentos.

c) ⬜ A cidade apresenta apenas uma paisagem.

d) ⬜ Uma cidade tem poucos elementos culturais, isto é, construídos pelo ser humano.

2 As cidades são formadas por uma área central e bairros. Pinte as ☺ que indicam as frases corretas em relação aos bairros.

a) ☺ Os bairros apresentam paisagens diferentes.

b) ☺ Em alguns bairros, predominam as moradias e, em outros, podemos encontrar grande número de atividades comerciais.

c) ☺ Existem bairros com presença de fábricas.

d) ☺ Todos os bairros são iguais.

e) ☺ A divisão da cidade em bairros facilita a administração urbana.

3 Observe a imagem a seguir.

a) Identifique nela os diferentes espaços contidos dentro do espaço urbano, de acordo com o número indicado.

1 moradia   **2** rua   **3** bairro   **4** cidade

b) Escreva o nome da rua, do bairro e da cidade onde você mora.

Rua: _____

Bairro: _____ Cidade: _____

4 Observe o mapa de sua cidade com a divisão de bairros para fazer o que se pede e responder às questões a seguir.

a) Localize a região central e os demais bairros.

b) Em qual bairro está localizada sua escola?

_____

c) Sua escola fica perto ou longe da região central?

_____

d) Qual é o bairro mais afastado da região central?

_____

◈ Mudanças nas paisagens urbanas

As paisagens se transformam constantemente, e isso acontece por fatores naturais ou provocados pelo ser humano.

Dentre os fatores naturais, podemos destacar, por exemplo, o período do ano em que as árvores ficam amareladas ou perdem suas folhas.

Outros fatores podem provocar alterações na paisagem, como as enchentes e os deslizamentos de terra.

▶ Capela na cidade de Nova Friburgo, Rio de Janeiro, 2009.

▶ Capela na cidade de Nova Friburgo, Rio de Janeiro, 2011. A imagem foi feita após deslizamento de terra na região.

Nas paisagens urbanas, podemos perceber maior número de alterações provocadas pela ação do ser humano. Essas paisagens costumam ser modificadas quando casas ou prédios são derrubados e outros são erguidos, quando árvores são cortadas, quando ruas, viadutos ou pontes são construídos ou reformados etc.

▶ Moradias precárias no bairro do Rio Pequeno. São Paulo, São Paulo, 2015.

▶ Programa de urbanização no bairro do Rio Pequeno. São Paulo, São Paulo, 2015.

As mudanças que ocorrem nas cidades são o resultado das ações humanas em diferentes épocas.

Com o aumento da população, novas construções são erguidas para serem comercializadas. Casas cedem lugar a edifícios que abrigam um número maior de moradores. A cidade também se reorganiza para absorver a circulação de automóveis.

Ou seja, é comum as novas edificações conviverem lado a lado com as antigas, como registro das alterações sofridas na paisagem em diferentes momentos da história.

Atividade

1 As imagens a seguir representam as transformações ocorridas em uma paisagem urbana. Observe-as e depois faça o que se pede.

a) Verifique a ordem correta das imagens e numere-as.
b) Pinte os desenhos.
c) Em seu caderno, crie uma história com base nessas imagens.
   Seu texto deve:
   - apresentar um título;
   - contar como era a paisagem;
   - relatar quais foram as principais mudanças;
   - citar o que permaneceu.

◈ O tamanho das cidades

Você viu que as cidades apresentam paisagens diferentes. Essas diferenças referem-se à quantidade, ao tamanho e à forma de suas construções, ao número de pessoas, às condições de vida e às atividades nelas desenvolvidas.

No Brasil, as cidades podem ser classificadas de acordo com o número de habitantes, isto é, de pessoas que vivem nelas.

Assim, as cidades brasileiras classificam-se em:

- **pequenas** – com menos de 50 mil habitantes;
- **médias** – com 50 mil a 300 mil habitantes;
- **grandes** – com mais de 300 mil habitantes.

▶ A população urbana de Cruzeiro do Sul, no Acre, era de 55 326 habitantes em 2010, de acordo com o Censo. É um exemplo de cidade média. Cruzeiro do Sul, Acre, 2012.

▶ A população urbana de Rio Branco, capital do Acre, era de 308 545 habitantes em 2010, de acordo com o Censo. É um exemplo de cidade grande. Rio Branco, Acre, 2013.

Para ir mais longe

Livro

▶ *A cidade e o trabalho do meu pai*, de Rosaly Braga Chianca e Leonardo Chianca. São Paulo: Ática, 1997.

O cotidiano da família Sousa é o pano de fundo para temas ligados à Geografia.

Site

▶ *Evolução e ocupação urbana*. <http://portalgeo.rio.rj.gov.br/EOUrbana>.

Apresenta uma sequência de imagens que mostram alterações na paisagem da cidade do Rio de Janeiro.

Atividades

1 Associe as colunas.

- (1) cidades pequenas
- (2) cidades médias
- (3) cidades grandes

- ( ) Cidades com 50 mil a 300 mil habitantes.
- ( ) Cidades com mais de 300 mil habitantes.
- ( ) Cidades com menos de 50 mil habitantes.

2 Observe, na tabela, a população total e a população urbana de seis municípios brasileiros. Depois, marque **P** para as cidades pequenas, **M** para as cidades médias e **G** para as cidades grandes.

	Município	População total	População urbana
	Borá (São Paulo)	805 habitantes	627 habitantes
	João Pessoa (Paraíba)	723 515 habitantes	720 785 habitantes
	Buritis (Roraima)	32 383 habitantes	18 122 habitantes
	Goiânia (Goiás)	1 302 001 habitantes	1 297 076 habitantes
	Cachoeiro de Itapemirim (Espírito Santo)	189 889 habitantes	173 589 habitantes
	Rio de Janeiro (Rio de Janeiro)	6 320 446 habitantes	6 320 446 habitantes

3 Com base na atividade anterior, responda às seguintes questões.

a) Qual município possui a menor população? E qual possui a maior?

_____

_____

b) Todos os municípios possuem zona rural? Justifique.

_____

_____

19

◈ Cidades planejadas e cidades espontâneas

Você viu que as cidades são as sedes de municípios e podem se diferenciar conforme as paisagens, a população, o tamanho e as atividades econômicas nelas desenvolvidas. Junto com as áreas rurais – o chamado campo –, as cidades formam o município.

As cidades são fruto do trabalho humano. A ação humana transforma o que antes era natureza; assim, árvores, campos e florestas dão lugar a moradias, prédios, pontes e viadutos, que são construídos para atender às necessidades da população. As cidades também se diferenciam quanto à origem: elas podem ser espontâneas ou planejadas.

- **Cidades espontâneas:** são as que se desenvolveram sem nenhum tipo de planejamento prévio, ou seja, elas surgiram de maneira natural, com a formação inicial de um povoado, que originou posteriormente uma vila, até chegar à condição de cidade. No Brasil, São Paulo e Rio de Janeiro são exemplos de cidades espontâneas.

- **Cidades planejadas:** são aquelas que se formaram com base em um projeto previamente elaborado, o chamado plano-diretor ou plano-piloto. Ele é um planejamento que orienta toda a construção da cidade considerando a área que ela ocupará, quais serão as partes destinadas à indústria e ao comércio, qual será a largura das ruas, como serão escolhidas as áreas residenciais, entre outros aspectos. No Brasil, o exemplo mais conhecido de cidade planejada é Brasília, construída em 1960 para sediar a capital federal e promover a ocupação da região central do país.

▶ O presidente Juscelino Kubitschek (1902-1976) concretizou a ideia da construção de Brasília trabalhando em parceria com o arquiteto Oscar Niemeyer (1907-2012) com base no plano-piloto projetado por Lúcio Costa (1902-1998). Brasília, Distrito Federal, 2013.

Teresina (Piauí), Aracaju (Sergipe), Belo Horizonte (Minas Gerais), Goiânia (Goiás) e Palmas (Tocantins) são alguns outros exemplos de cidades planejadas no Brasil.

Baú de informações

Planejada para 50 mil pessoas, Goiânia possui hoje mais de 1,3 milhão de habitantes. [...]

Em 24 de outubro de 1933, em local determinado por Atílio Correia Lima, – um planalto onde atualmente se encontra o Palácio das Esmeraldas, na Praça Cívica –, Pedro Ludovico lançou a pedra fundamental da nova cidade. Goiânia foi planejada e construída para ser a capital política e administrativa de Goiás, sob influência da Marcha para o Oeste, política desenvolvida pelo Governo de Getúlio Vargas para acelerar o desenvolvimento e incentivar a ocupação do Centro-Oeste brasileiro.

Sofreu um acelerado crescimento populacional desde a década de 1960, atingindo um milhão de habitantes cerca de sessenta anos depois de sua fundação. Desde seu início, a sua arquitetura teve influência do *Art Déco*, que definiu a fisionomia dos primeiros prédios da cidade e a fez conhecida como o maior sítio *Art Déco* da América Latina.

É a segunda cidade mais populosa do Centro-Oeste, sendo superada apenas por Brasília. Situa-se no Planalto Central e é um importante polo econômico da região, sendo considerada um centro estratégico para áreas como indústria, medicina, moda e agricultura.

História de Goiânia. Disponível em: <www.goiania.go.gov.br/portal/goiania.asp?s=2&tt=con&cd=1964>.
Acesso em: jul. 2015.

De acordo com o IBGE, é a sexta maior cidade do Brasil em tamanho, com 256,8 quilômetros quadrados de área urbana. A **Região Metropolitana** de Goiânia possui mais de 2,2 milhões de habitantes, o que a torna a décima região metropolitana mais populosa do país.

Vocabulário

Região metropolitana: área formada por um grupo de municípios cujos espaços urbanos são interligados, com o objetivo de integrar a organização, o planejamento e a execução de funções públicas de interesse comum.

Atividades

1 Forme um grupo e, juntos, imaginem que vocês são os responsáveis pelo planejamento de uma cidade que será construída. Pensem no que vocês acham importante para uma cidade e completem o quadro respondendo às questões.

Como serão as ruas de sua cidade?	
E as construções? Onde morarão as pessoas?	
Quais serviços públicos estarão disponíveis para a população?	
Como deverá ser o trânsito?	
Haverá espaços de lazer? Quais?	
Onde ficarão as indústrias? Serão muitas ou poucas?	
Onde ficarão os centros comerciais de sua cidade?	

2 Depois de completar o quadro, desenhe, em uma folha de papel sulfite, a cidade que vocês planejaram. Não se esqueça de dar um nome a ela.

Um pouco mais sobre...

As paisagens da cidade representadas na arte

Muitos artistas retrataram paisagens de cidades em suas obras. Conheça algumas delas.

Coleção Particular, São Paulo, SP/Foto: Romulo Fialdini/TEMPO COMPOSTO

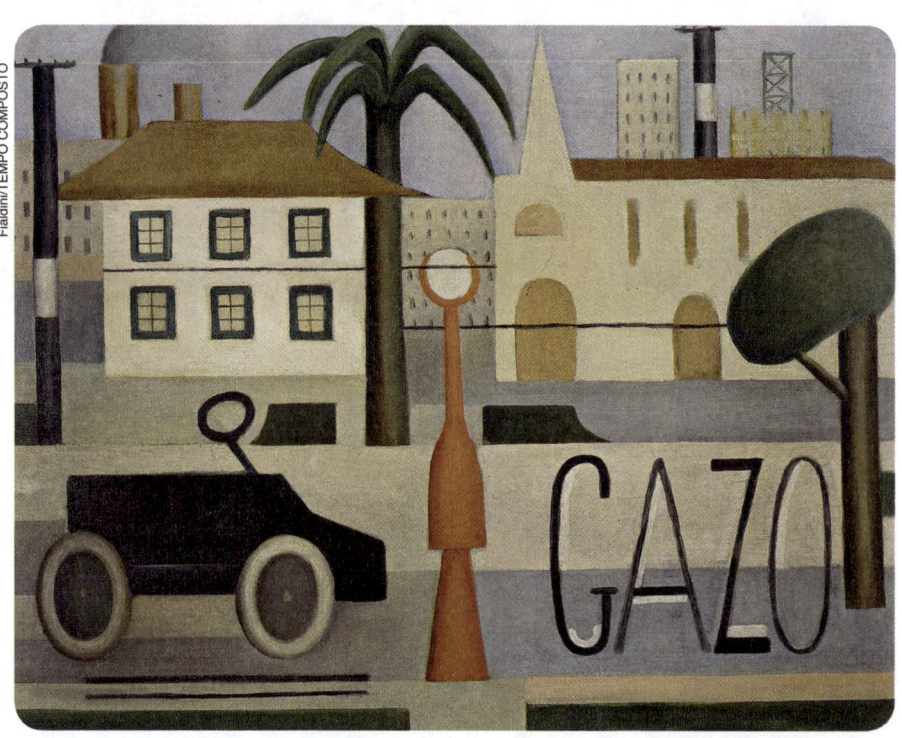

Neste retrato do Vale do Anhangabaú, em São Paulo, foram utilizadas cores bem brasileiras. Tarsila do Amaral. *São Paulo*, 1924. Óleo sobre tela, 50 × 60 cm.

Kobby Dagan/Shutterstock

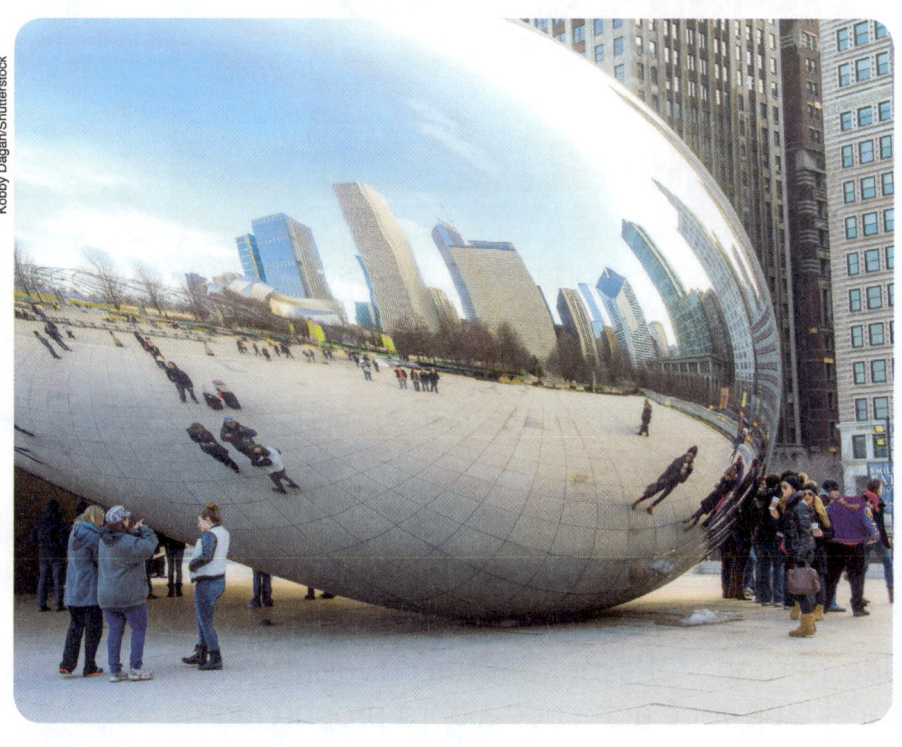

Essa enorme escultura de 12 metros de altura fica em um parque na cidade de Chicago (Estados Unidos) e, por causa de seu formato e do material de que é feita, ela reflete e distorce a imagem de toda a cidade a seu redor. Anish Kapoor. *Cloud Gate*, 2006. Aço inoxidável, 10 × 20 × 12,8 m. Fotografia de 2013.

▶ Nessa instalação interativa, as pessoas colaboram com a obra de arte, podendo reorganizar a cidade feita de sucata para planejar melhor seu funcionamento. James Rojas. *Place it!*, 2010.

▶ O grafite, como este em Valência (Espanha), é uma manifestação artística típica dos centros urbanos. Hyuro, intervenção urbana, 2012.

1 Escolha uma das obras anteriores e, no caderno, escreva um texto contando como é a paisagem retratada. Utilize as questões a seguir como roteiro para produzir seu texto.

a) Quais elementos culturais estão representados na obra?

b) Como é a cidade representada?

c) A paisagem representada lembra as paisagens da área urbana de seu município? Quais são as semelhanças? Quais são as diferenças?

d) Muito mais do que ser bela e decorativa, a arte tem a função de questionar a sociedade, gerando reflexões acerca de várias questões. Quais reflexões sobre a cidade você acha que a obra proporciona?

Revendo o que você aprendeu

1 Leia o texto e responda às questões.

> Mário não nasceu no fundo do mato-virgem. Ao contrário, nasceu na cidade mais barulhenta, mais cheia de carros, motos, ônibus, poluição, chaminés, máquinas, gente e prédios do Brasil: [...] São Paulo! A cidade **macota** lambida pelo **igarapé** Tietê.
>
> Luciana Sandroni. *O Mário que não é de Andrade*. São Paulo: Companhia das Letrinhas, 2001. p. 7.

Vocabulário

Macota: que é importante; adequado, jeitoso.

Igarapé: pequeno rio.

a) O trecho apresenta uma cidade do espaço urbano? Justifique.

_____
_____
_____

b) Essa cidade, segundo o Censo 2010, possui mais de 11 milhões de habitantes. Ela é uma cidade pequena, média ou grande?

_____

2 Responda às questões a seguir usando as palavras do quadro.

número de habitantes	culturais	naturais
paisagem	pequenas	área urbana
bairro	comércio	

a) O que pode ser observado em um "lance de vista" e é captado pelos sentidos? _____

b) Como a cidade pode ser chamada? _____

c) Quais são os elementos da paisagem que predominam nas cidades?

_____

d) Como se chamam os elementos que não foram criados pelo ser humano? _____

e) Como se chama cada uma das partes em que se divide o espaço da cidade? _____

f) O que diferencia o tamanho das cidades no Brasil?

_____

3 A sequência de imagens a seguir apresenta as transformações, ao longo do tempo, na paisagem da cidade do Rio de Janeiro. Observe as modificações e depois faça o que se pede.

Coloque **V** se a frase for verdadeira e **F** se for falsa.

a) ☐ A representação mais antiga é a do ano de 1620.

b) ☐ No início do povoamento, predominavam elementos naturais na paisagem.

c) ☐ A cidade do Rio de Janeiro surgiu de forma espontânea.

26

CAPÍTULO 2
Atividades econômicas da cidade

Diálogo inicial

Observe a imagem e converse com os colegas e o professor sobre as questões a seguir.

Maurício de Sousa Editora Ltda.

1. Você conhece alguém que exerce alguma das profissões apresentadas na ilustração?

2. Que profissão você gostaria de exercer quando se tornar adulto?

3. Qual é a profissão de cada um de seus familiares?

A indústria

Nas cidades, as pessoas podem trabalhar em atividades e locais diversos, como escritórios de empresas, consultórios médicos e dentários, supermercados, bancos, escolas, hospitais, entre outros.

Uma das atividades encontradas nas cidades é a industrial. As **indústrias** são locais onde são produzidos muitos artigos e bens usados no dia a dia.

Todos esses bens que você vê nas imagens são chamados de produtos industrializados. Para produzir essas mercadorias, são necessários trabalhadores, matérias-primas e máquinas.

A matéria-prima é um recurso natural que pode ter origem animal, vegetal ou mineral. Observe.

- **Origem animal**: leite, carne e ovos, por exemplo.

Matéria-prima

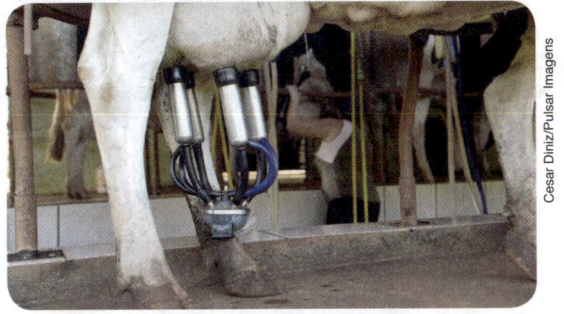

▶ O leite é extraído da vaca. Iporã do Oeste, Santa Catarina, 2015.

Produto industrializado

▶ O queijo é feito de leite.

- **Origem vegetal**: frutas, verduras, cereais e madeira, por exemplo.

Matéria-prima

▶ A madeira é extraída das árvores. Telêmaco Borba, Paraná, 2014.

Produto industrializado

▶ Os móveis são fabricados com madeira.

- **Origem mineral**: ouro, prata, minério de ferro e pedras preciosas, por exemplo.

Matéria-prima

▶ O diamante é um minério precioso retirado do solo.

Produto industrializado

▶ Ferramenta com ponta de diamante. Os diamantes são utilizados para produzir joias e equipamentos industriais.

29

Quando surgiram as primeiras indústrias, as atividades eram feitas com instrumentos simples. Com o passar do tempo, as indústrias passaram a utilizar máquinas e equipamentos que aumentaram a capacidade dos seres humanos de produzir bens, além de empregar trabalhadores, chamados de operários.

▶ Operário em fábrica de eletrodos usados para soldagem. Contagem, Minas Gerais, 2014.

Baú de informações

Algumas vezes, as indústrias utilizam matérias-primas que não estão mais em seu estado natural, pois já sofreram transformação em outra indústria.

A indústria de tecidos, por exemplo, usa como matéria-prima o algodão, em seu estado natural, para produzir o tecido de algodão. Ela aplica diferentes cores e texturas aos tecidos, originando diversos produtos diferentes.

A indústria de confecção, por sua vez, utiliza esses produtos para produzir camisetas, calças, vestidos e lençóis, entre outros. Toda indústria que faz a transformação de uma matéria-prima em um produto é chamada de indústria de transformação, mesmo que essa matéria-prima já tenha sido manipulada por outra indústria.

1. Converse com os colegas e, juntos, citem outros produtos feitos por indústrias de transformação que utilizam matérias-primas já industrializadas.

Para ir mais longe

Livro

▶ *A fantástica fábrica de vidro*, de Patrícia Engel Secco. São Paulo: Melhoramentos, 2012.

Juliana, Léo, Carol e Tiago visitam uma fábrica de vidro com a classe. Ali, eles são conduzidos a uma viagem no tempo para descobrir a história da invenção do vidro.

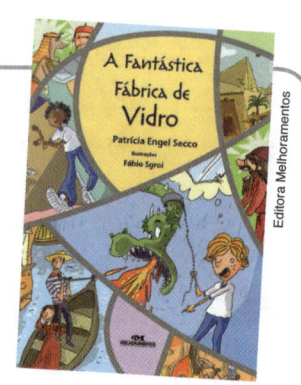

Brincar e aprender

1 Siga o caminho indicado e descubra a matéria-prima utilizada para a fabricação de cada um dos produtos.

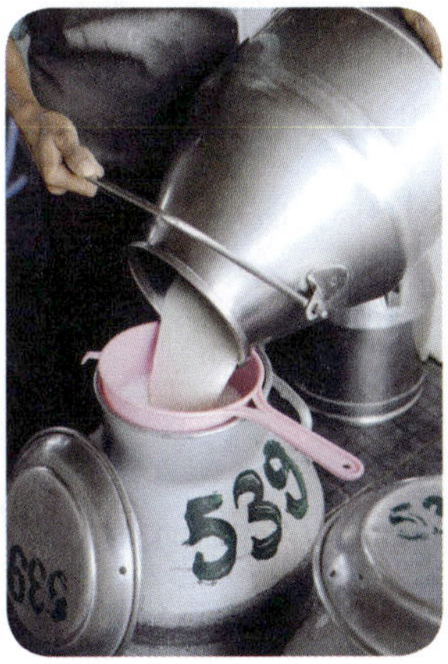

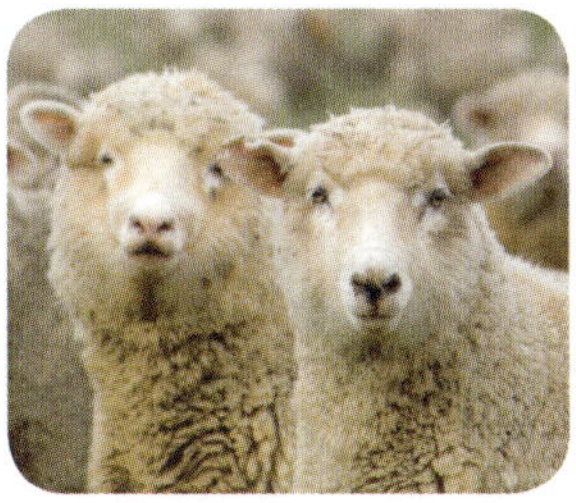

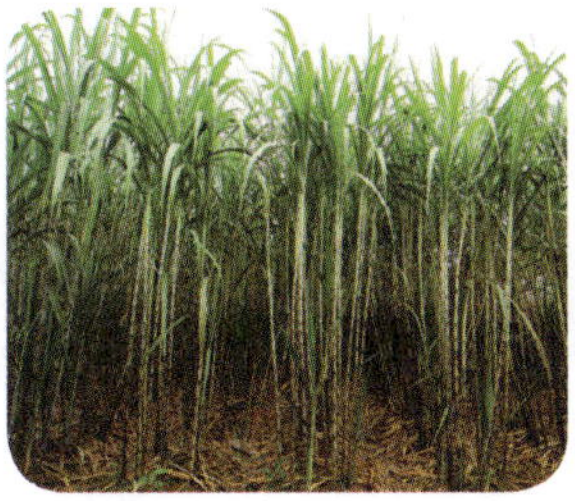

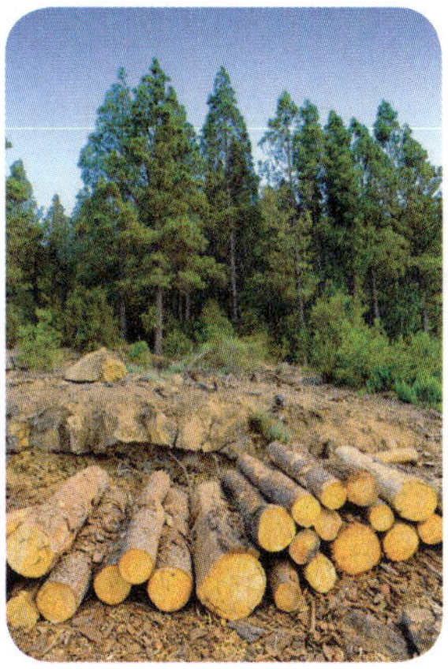

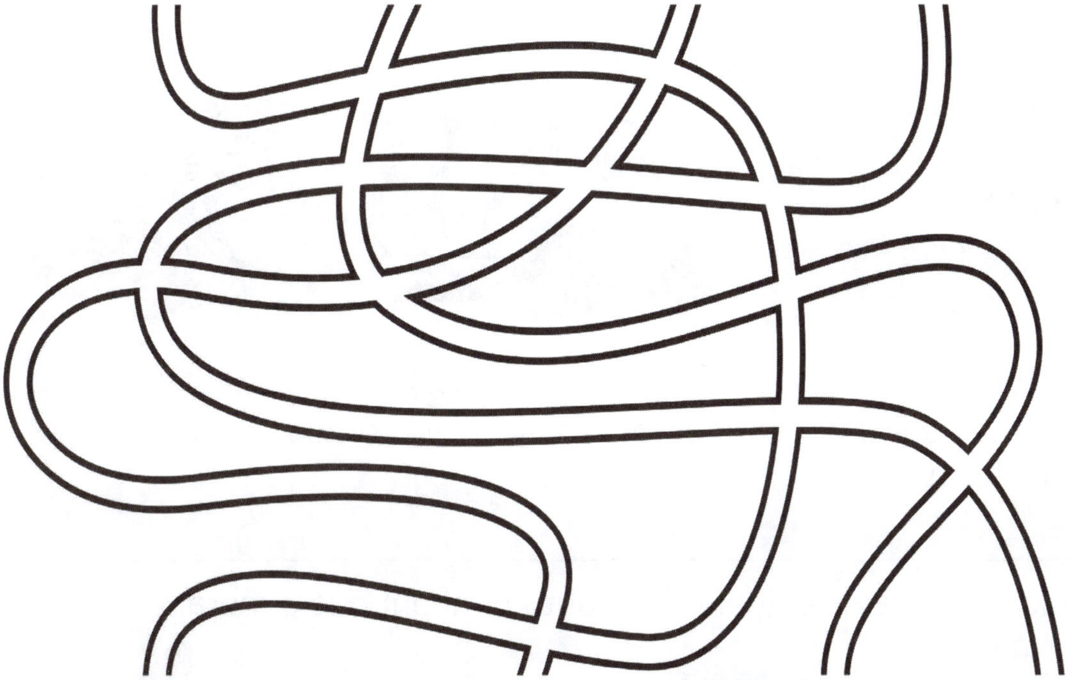

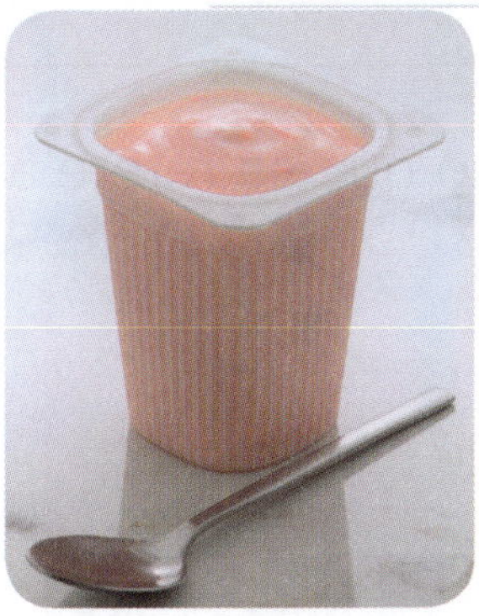

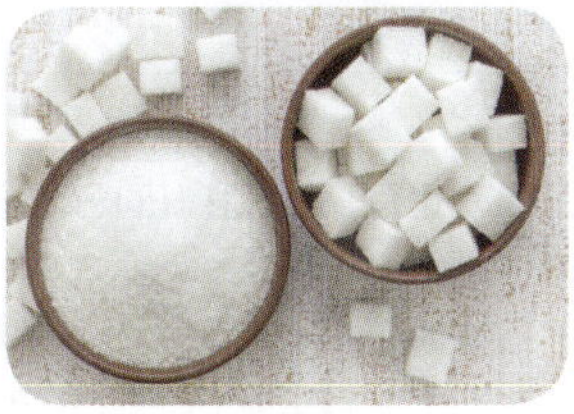

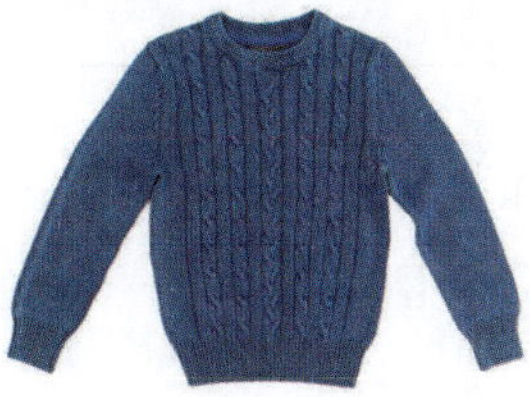

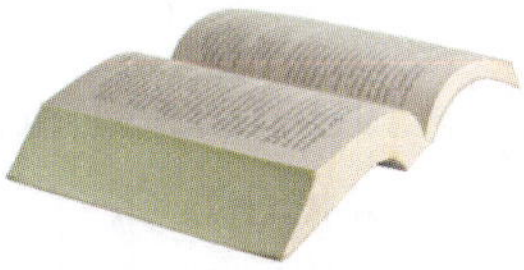

Atividades

1 Complete as frases.

a) Os produtos industrializados necessitam de uma _____, que será transformada.

b) A matéria-prima necessária para a fabricação de produtos é um recurso _____, que pode ser de origem mineral, vegetal ou animal.

c) As modernas indústrias possuem _____ e contam com o trabalho dos _____.

2 Numere a sequência de imagens que representa as etapas de transformação do morango em geleia.

a) Que nome é dado ao morango na primeira etapa desse processo de transformação?

_____

b) Que nome damos à geleia, produto final em que o morango foi transformado?

_____

3 Numere a segunda coluna de acordo com a primeira no que se refere à origem da matéria-prima.

1. animal
2. vegetal
3. mineral

☐ ouro e prata
☐ maçã, tomate e trigo
☐ leite, ovos e carne

32

❯ O comércio

A história do ser humano é marcada pela criação e pelo desenvolvimento de produtos que ajudam a melhorar seu dia a dia. O comércio, que é a compra e a venda de produtos, é parte desse processo.

Antes de a moeda surgir, não existia o comércio como o conhecemos hoje: as mercadorias eram trocadas por outras mercadorias.

▶ Feira de rua. São Paulo, São Paulo, 2015.

Nas relações de comércio há os **consumidores**, que são as pessoas que compram as mercadorias ou os produtos; e os **comerciantes**, que são aquelas que vendem as mercadorias ou os produtos.

❯ Diferentes formas de comércio

São muitos os locais onde há compra e venda de mercadorias, ou seja, onde ocorre atividade comercial.

Os *shopping centers* são exemplos de centro comercial, pois agrupam em um mesmo local estabelecimentos comerciais, como lojas e restaurantes, entre outros.

▶ Interior de *shopping center*. Brasília, Distrito Federal, 2013.

33

Além dos *shopping centers*, outros espaços podem ser considerados centros comerciais: galerias, feiras fixas, bairros com predominância de comércio em vez de residências etc.

Mesmo no campo é possível encontrar pequenos centros comerciais, que reúnem lojas e serviços para facilitar o dia a dia dos moradores.

O comércio também é praticado nas ruas por comerciantes ambulantes e camelôs. Qualquer um desses trabalhadores necessita ter autorização da prefeitura para comercializar seus produtos.

▶ Comércio de rua. Recife, Pernambuco, 2013.

Baú de informações

O consumidor consciente é aquele que leva em conta, ao escolher os produto que compra, o meio ambiente, a saúde humana e animal, as relações justas de trabalho, além de questões como preço e marca.

O consumidor consciente sabe que pode ser um agente transformador da sociedade por meio de seu consumo. Sabe que os atos de consumo têm impacto e que, mesmo um único indivíduo, ao longo de sua vida, produzirá um impacto significativo na sociedade e no meio ambiente.

[...] O consumo consciente pode ser praticado no dia a dia, por meio de gestos simples que levem em conta os impactos da compra, uso ou descarte de produtos ou serviços, ou pela escolha das empresas da qual comprar, em função de seu compromisso com o desenvolvimento socioambiental.

Assim, o consumo cosciente é uma contribuição voluntária, cotidiana e solidária para garantir a sustentabilidade da vida no planeta.

Ministério do Meio Ambiente. Quem é o consumidor consciente?
Disponível em: <www.mma.gov.br/responsabilidade-socioambiental/producao-e-consumo-sustentavel/consumo-consciente-de-emblagem/quem-e-o-consumidor-consciente>.
Acesso em: ago. 2015.

Valores e vivências

Devemos estar atentos à qualidade dos produtos que compramos; por isso, verifique sempre a data de validade, bem como a existência de selos de qualidade. Compre somente o necessário, evitando desperdícios.

▶ Selo de segurança.

▶ Selo indicativo de faixa etária.

▶ Datas de fabricação e de validade.

1 Você e sua família praticam o consumo consciente? Como?

_____
_____
_____
_____

2 Vocês costumam prestar atenção às datas de validade e aos selos de qualidade dos produtos que consomem? Por quê?

_____
_____
_____

Para ir mais longe

Site
▶ *Instituto Akatu*. <www.akatu.org.br>.
Apresenta notícias, reportagens e imagens referentes ao consumo consciente.

Atividades

1 Assinale **V** nas frases verdadeiras e **F** nas falsas.

a) ◯ Há muito tempo o ser humano troca mercadorias.

b) ◯ O comércio é a atividade econômica em que ocorrem a compra e a venda de produtos.

c) ◯ Todos os produtos apresentam boa qualidade.

d) ◯ Devemos estar atentos à qualidade e à validade dos produtos que compramos.

2 Na imagem a seguir, identifique os comerciantes e os consumidores.

- Comerciantes: _____

- Consumidores: _____

3 Responda oralmente às questões.

a) No local onde você vive há centros comerciais? Onde eles se localizam?

b) Você já foi a um centro comercial? Se sim, como foi a experiência?

c) Em sua opinião, quais são as dificuldades enfrentadas pelos comerciantes desses locais?

A prestação de serviços

Os prestadores de serviços trabalham exercendo tarefas que não estão relacionadas à produção ou à comercialização de um produto.

Professores, inspetores e zeladores trabalham nas escolas. Nas ruas, trabalham profissionais responsáveis pela coleta de lixo, limpeza e conservação dos locais públicos, como os garis ou lixeiros, e há outros que orientam e cuidam da população, como os policiais e os agentes de trânsito. Há também os que trabalham na área da saúde, como médicos, enfermeiros e dentistas.

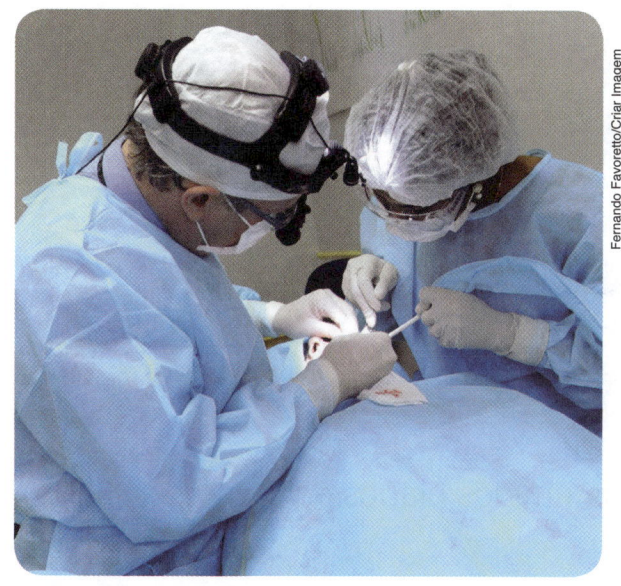

▶ Dentista e assistente. São Caetano do Sul, São Paulo, 2013.

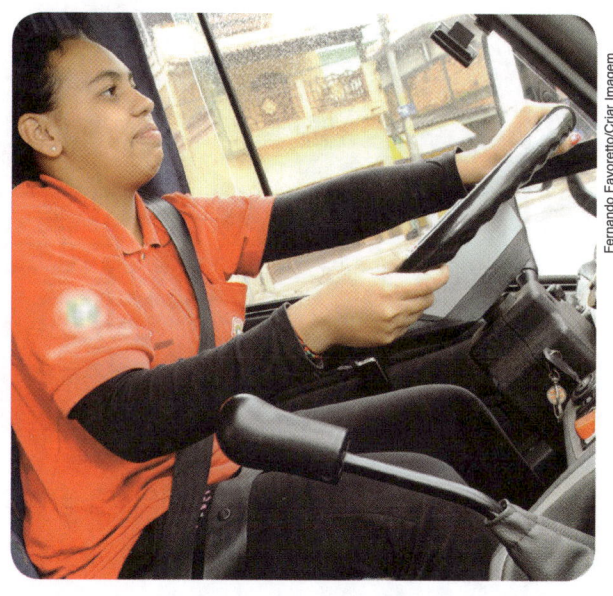

▶ Motorista de ônibus. São Paulo, São Paulo, 2010.

▶ Mulher que trabalha como carteira. Cachoeira, Bahia, 2014.

▶ Agentes de segurança pública. São Paulo, São Paulo, 2013.

Cartografia

1 Observe a ilustração. Nela os elementos da paisagem estão divididos em planos, de acordo com a posição em que se encontram.

Escreva o que você observa em cada um dos planos da paisagem.

a) Primeiro plano:

_____

_____

_____

b) Segundo plano:

_____

_____

_____

c) Terceiro plano:

_____

_____

_____

2 Siga o modelo e crie símbolos para representar os serviços indicados no quadro. Faça os desenhos de forma que possam ser facilmente compreendidos pelas pessoas. Depois compartilhe com a turma os símbolos que você criou e observe os que foram criados pelos colegas.

Serviço	Símbolo
transporte coletivo	🚌
posto de saúde	
coleta de lixo	
escola	
segurança (policiamento)	
saneamento básico (água tratada, coleta e tratamento do esgoto e coleta de lixo)	
iluminação pública	

Baú de informações

Com o tempo, as mulheres conquistaram mais espaço no mercado de trabalho. Hoje elas ocupam as mais diversas funções nas áreas urbanas e rurais do país, como agricultoras, motoristas de ônibus, manicures, operárias, jornalistas, executivas etc. Leia o texto.

Proporção de mulheres chefes de família cresce mais do que quatro vezes em 10 anos, diz IBGE

A proporção de famílias chefiadas por mulheres [...] cresceu mais do que quatro vezes nos últimos dez anos. [...]

Entre os fatores que proporcionam tais mudanças, destacam-se "o ingresso maior de mulheres no mercado de trabalho, a **postergação** da idade ao casar e o contínuo aumento da escolaridade", de acordo com o estudo. [...]

UOL, 28 nov. 2012. Disponível em: <http://noticias.uol.com.br/cotidiano/ultimas-noticias/2012/11/28/numero-de-mulheres-chefes-de-familia-cresce-mais-do-que-quatro-vezes-segundo-ibge.htm>. Acesso em: jul. 2015.

Vocabulário

Postergação: ação de deixar para mais tarde; adiamento.

▶ Agente de tráfego em cruzamento movimentado. São Paulo, São Paulo, 2011.

Brincar e aprender

1 Um prestador de serviços muito importante é o bibliotecário. Ele pode nos auxiliar nas pesquisas que precisamos realizar, além de organizar e cuidar dos materiais de uma biblioteca. O bibliotecário presta um importante serviço para a comunidade escolar.

Encontre no segundo desenho sete diferenças em relação ao primeiro.

Atividades

1

a) Complete o diagrama de palavras com algumas profissões de prestadores de serviços.

```
        P
        R
        O
        F
        I
        S
        S
        I
        O
        N
        A
        L
```

b) Escreva o nome de outras profissões de prestadores de serviços que você conheça.

_____
_____
_____
_____
_____
_____

Revendo o que você aprendeu

1 Leia as frases e marque **V** nas verdadeiras e **F** nas falsas. Corrija as frases erradas no caderno.

a) ☐ Na prestação de serviços, os trabalhadores exercem atividades para melhorar a qualidade de vida da população.

b) ☐ Carteiros e bombeiros são considerados comerciantes.

c) ☐ A atividade da indústria é responsável pela transformação de matérias-primas.

d) ☐ A carne é a matéria-prima do macarrão.

e) ☐ Os operários trabalham no comércio.

d) ☐ Joana trabalha em um banco. Ela é comerciante.

2 Leia a tira e responda às questões.

a) O que o menino está procurando na maçã?

_____

b) Por que devemos procurar esse tipo de informação quando compramos um produto?

_____
_____
_____
_____

3 Complete a tabela a seguir com o nome de trabalhadores ligados ao comércio e aos serviços.

Comércio	Serviços

4 Pinte as matérias-primas e circule os produtos industrializados.

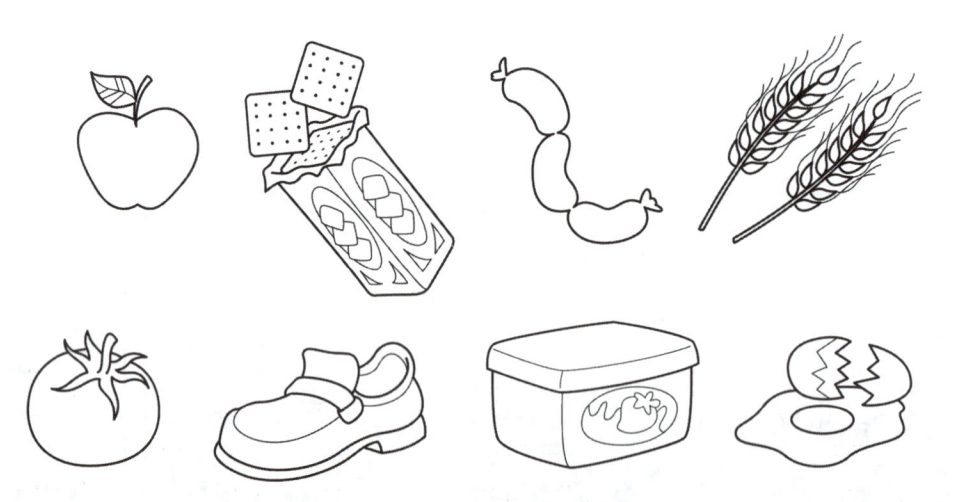

5 Destaque a página 171. Nela está um recorte de uma ilustração de uma paisagem urbana. Faça o que se pede.

a) Complete a paisagem urbana com as atividades comuns a este espaço. Nos espaços marcados com número ímpar devem ser coladas atividades comerciais e nos espaços com número par, devem ser coladas atividades de prestação de serviços.

b) Observe atentamente a imagem e, no caderno, escreva um texto descrevendo as principais características do espaço urbano. Abordando tipos de construção e atividades econômicas que se desenvolvem nas cidades. Utilize também o que você aprendeu no **Capítulo 1** para compor este texto.

CAPÍTULO 3

O espaço urbano: moradia e ambiente

Diálogo inicial

Observe as fotografias.

▶ Parque Naturalístico Mangal das Garças. Belém, Pará, 2013.

▶ Tráfego de veículos na Avenida Brasil. Rio de Janeiro, Rio de Janeiro, 2014.

1. As fotografias apresentam diferenças quanto às condições oferecidas aos moradores dos locais representados? Por quê?

2. O que você considera importante em uma cidade para que as pessoas possam viver com mais qualidade?

O antigo e o novo na cidade

Ao percorrer as cidades, é possível perceber que algumas construções são demolidas para dar lugar a novos prédios, novas moradias, escolas ou áreas de lazer. Outras são conservadas e existem há muito tempo na paisagem da cidade. Portanto, nas cidades há tanto elementos novos como antigos.

Em geral, quando aumenta o número de habitantes em uma cidade, é preciso construir novas moradias, postos de saúde e escolas. É necessário aumentar também a oferta de empregos. Aos poucos, as novas construções ocupam os locais onde, antes, predominavam os elementos naturais, como campos e diversas áreas verdes.

Nas imagens a seguir, podemos perceber que, antes, na rua havia trilhos e bondes, e que, atualmente, ela foi alargada para a passagem de veículos. Para isso acontecer, algumas casas foram demolidas e outras foram mantidas. Em uma mesma cidade, é possível conviver com construções de épocas distintas.

▶ Rua Nova. Recife, Pernambuco, 1902.

▶ Rua Nova. Recife, Pernambuco, 2014.

Observe nos mapas como o espaço urbano, representado pela cor vermelha, aumentou no município do Recife em um período de mais de 70 anos.

Recife: malha urbana (1932)

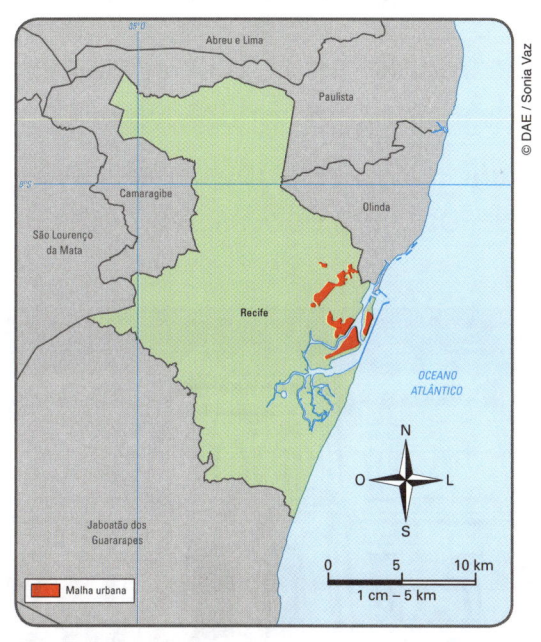

Fonte: URB-Recife. Disponível em: <www.ufmg.br/rededemuseus/crch/simposio/VASCONCELOS_THATIANA_E_SA_LUCILENE_ANTUNES.pdf>. Acesso em: jun. 2014.

Recife: malha urbana (1951)

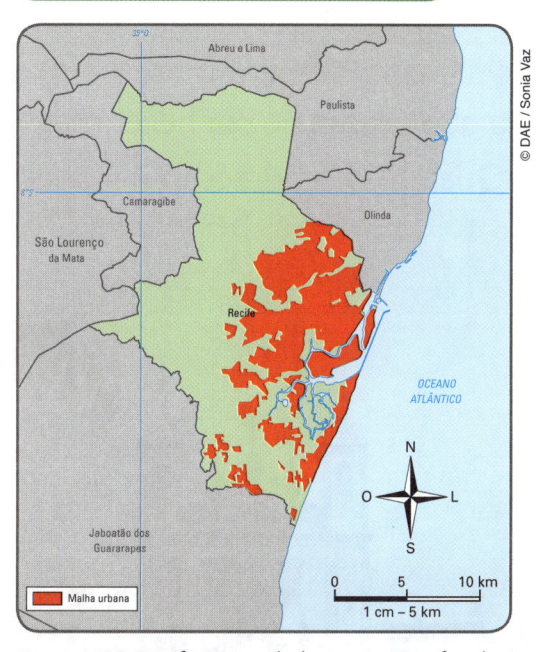

Fonte: URB-Recife. Disponível em: <www.ufmg.br/rededemuseus/crch/simposio/VASCONCELOS_THATIANA_E_SA_LUCILENE_ANTUNES.pdf>. Acesso em: jun. 2014.

Recife: malha urbana (2010)

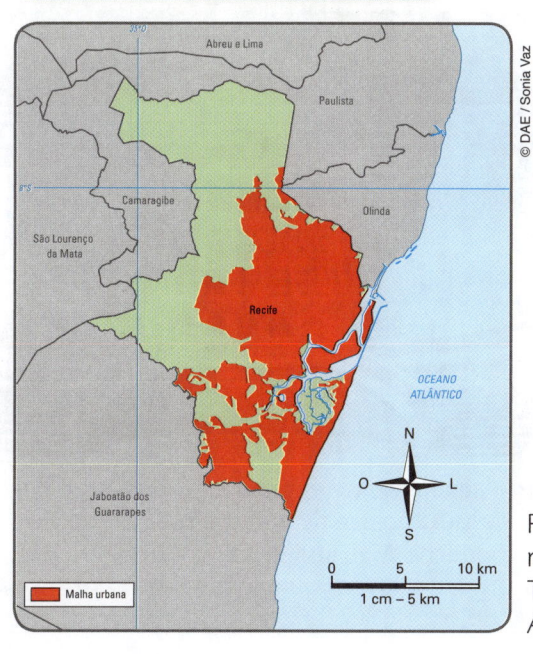

Olho vivo!

Dados e mapas sobre a expansão da malha urbana dos municípios podem ser encontrados nas Secretarias municipais de planejamento urbano.

Consulte esse órgão e peça mais informações sobre a configuração do espaço urbano de seu município.

Fonte: URB-Recife. Disponível em: <www.ufmg.br/rededemuseus/crch/simposio/VASCONCELOS_THATIANA_E_SA_LUCILENE_ANTUNES.pdf>. Acesso em: jun. 2014.

Valores e vivências

Em todas as cidades há bens e construções que contam a história do local. Esses elementos formam o patrimônio histórico e cultural da cidade e devem ser preservados.

Precisamos estar sempre atentos ao patrimônio histórico de nossa cidade, para que possamos conhecer melhor a história do lugar onde vivemos.

Quando o patrimônio histórico é danificado, perdemos um importante registro de como as pessoas viviam naquele lugar em épocas anteriores.

▸ Construção do século XVIII (1701-1800), a Igreja do Bom Jesus de Matosinhos. Congonhas, Minas Gerais, 2014.

▸ Construção de 1889, o Palácio Rio Negro é a residência oficial de verão do presidente da República. Petrópolis, Rio de Janeiro, 2013.

▸ Inaugurado em 1931, o Cristo Redentor é um patrimônio histórico do Brasil conhecido por pessoas de todo o mundo. Rio de Janeiro, Rio de Janeiro, 2012.

▸ Inaugurado em 1896, o Teatro Amazonas é uma construção que demonstra a riqueza do ciclo da borracha. Manaus, Amazonas, 2013.

Brincar e aprender

1 Pinte de uma cor os espaços assinalados com ∗ e de outra cor os espaços assinalados com +. Surgirão dois monumentos culturais de nosso país, um localizado em Brasília (Distrito Federal) e o outro em Belo Horizonte (Minas Gerais).

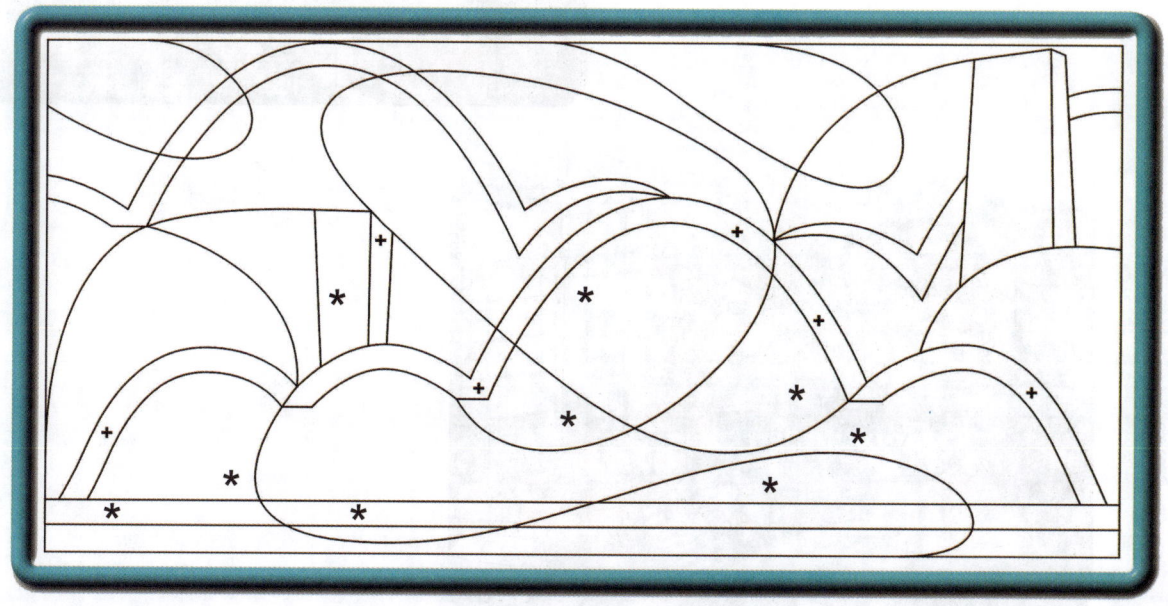

Atividade

1 Numere as imagens de acordo com a sequência que representa o crescimento urbano de uma cidade.

Condições de vida nas cidades

As paisagens das cidades são diferentes. As diferenças são causadas por diversas razões, entre elas as condições em que vivem seus habitantes. Em algumas cidades e bairros, por exemplo, há ausência de **saneamento básico**.

Saneamento básico é um conjunto de serviços e ações essenciais para oferecer à população boas condições de vida. Inclui coleta de lixo, fornecimento de água tratada e serviço de coleta e tratamento de esgoto.

▶ O esgoto a céu aberto é mal cheiroso e pode causar doenças. Rio de Janeiro, Rio de Janeiro, 2013.

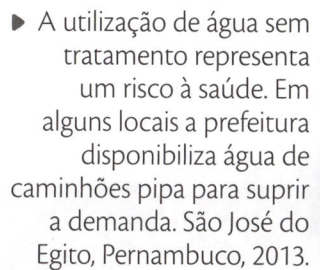

▶ A utilização de água sem tratamento representa um risco à saúde. Em alguns locais a prefeitura disponibiliza água de caminhões pipa para suprir a demanda. São José do Egito, Pernambuco, 2013.

▶ O lixo acumulado nas ruas atrai animais transmissores de doenças, como moscas, baratas e ratos. Belém, Pará, 2014.

51

A produção e o destino do lixo

Com a grande quantidade de embalagens e produtos descartáveis usados no dia a dia em moradias, estabelecimentos comerciais e de serviços, indústrias e escritórios, os habitantes das cidades produzem um enorme volume de lixo.

O desafio é dar o destino correto a todo esse lixo produzido. Ele pode ser destinado a **usinas de compostagem**, à **reciclagem**, à **incineração**, aos aterros sanitários e aos lixões.

Nos lixões, o lixo fica depositado a céu aberto, o que pode ocasionar doenças, proliferação de ratos e moscas, contaminação do solo, do ar e das águas subterrâneas.

▶ Secagem de matéria orgânica em terreno de usina de compostagem e reciclagem de lixo. Pingo-D'água, Minas Gerais, 2013.

▶ Grande parte do lixo ainda é enviada a lixões. É comum haver pessoas trabalhando como catadores nesses locais, que vivem da venda dos resíduos encontrados. São José dos Campos, São Paulo, 2015.

Vocabulário

Incineração: processo de tratamento de lixo que consiste em transformá-lo em cinzas, resíduo que não prejudica o meio ambiente. Deve utilizar equipamentos certificados, sistemas avançados de depuração de gases e tecnologias reconhecidas pelo mercado.

Reciclagem: reaproveitamento do lixo para elaborar novos produtos ou recuperá-los em boas condições de uso.

Usina de compostagem: local onde ocorre o processo de tratamento da matéria orgânica do lixo (restos de alimentos) que a transforma em composto para fertilizar os solos (adubo).

Observe a imagem que mostra maneiras de diminuir a quantidade de lixo nos lixões das cidades.

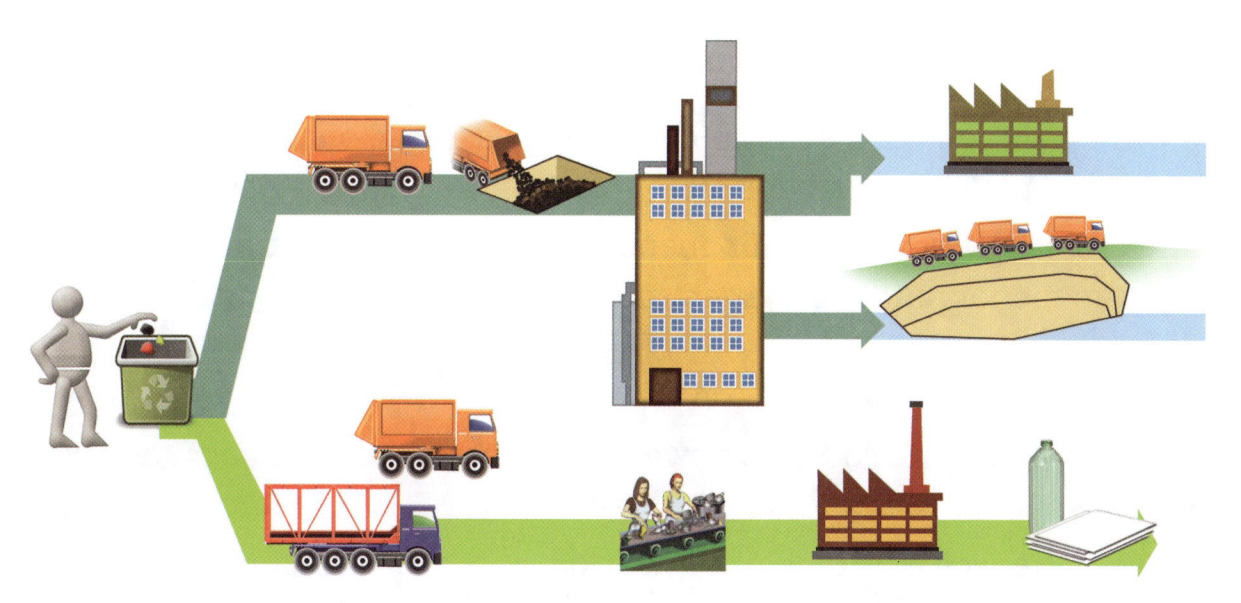

▶ O destino correto para o lixo – os resíduos sólidos produzidos nas cidades – é descartá-lo sem prejudicar o meio ambiente. Adotar a coleta seletiva, separar os materiais para usinas de reciclagem, destinar os resíduos sólidos à incineração ou às usinas de compostagem para aproveitar restos orgânicos e enviá-los aos aterros sanitários são medidas adequadas para o descarte do lixo.

Aterro sanitário

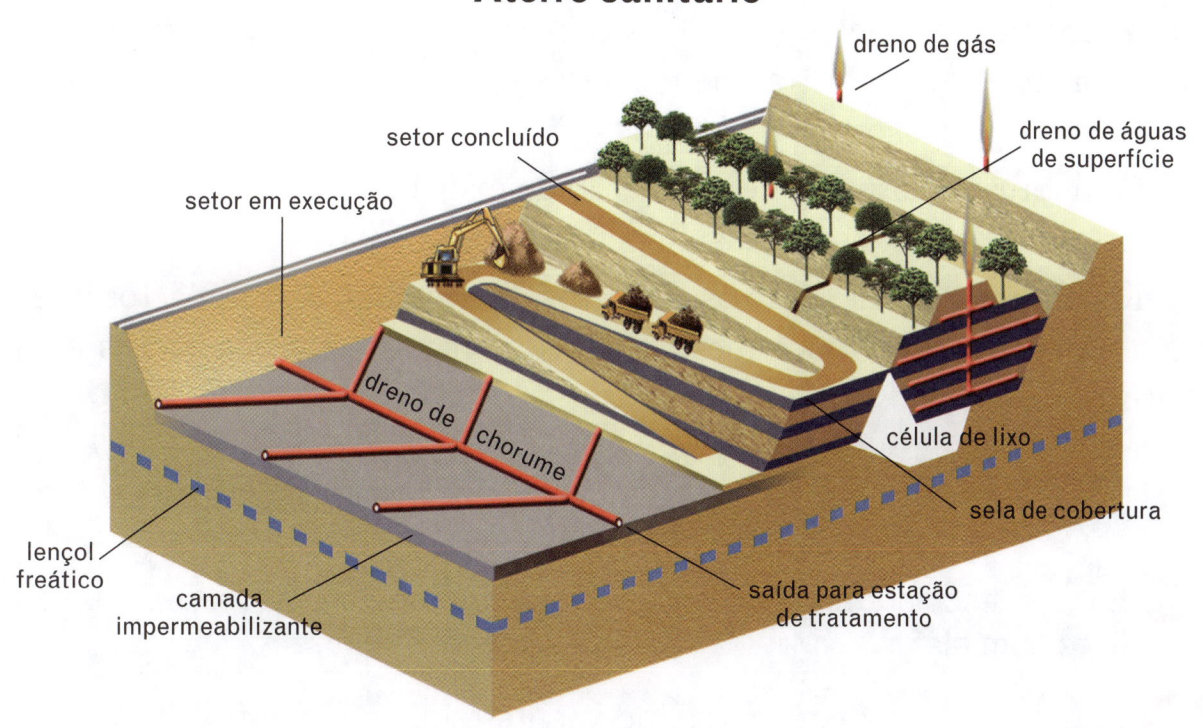

▶ Os aterros sanitários são locais apropriados e específicos para receber o lixo. Eles são construídos em locais distantes das cidades e de rios e córregos, de modo que não causem impactos negativos ao ambiente nem à saúde dos habitantes.

Valores e vivências

O que é o Princípio dos 3R's?

Um caminho para a solução dos problemas relacionados com o lixo é apontado pelo Princípio dos 3R's – Reduzir, Reutilizar e Reciclar. [...]

Reduzir significa consumir menos produtos e preferir aqueles que ofereçam menor potencial de geração de resíduos e tenham maior durabilidade.

Reutilizar é, por exemplo, usar novamente as embalagens. Exemplo: os potes plásticos de sorvetes servem para guardar alimentos ou outros materiais.

Reciclar envolve a transformação dos materiais para a produção de matéria-prima para outros produtos por meio de processos industriais ou artesanais. É fabricar um produto a partir de um material usado. Podemos produzir papel reciclando papéis usados. Papelão, latas, vidros e plásticos também podem ser reciclados. Para facilitar o trabalho de encaminhar material pós-consumo para reciclagem, é importante fazer a separação no lugar de origem – a casa, o escritório, a fábrica, o hospital, a escola etc. A separação também é necessária para o descarte adequado de resíduos perigosos.

O Instituto Akatu sugere a inclusão de mais um R, que deve ser praticado antes dos 3R's originais: Repensar.

Repensar é refletir sobre os seus atos de consumo e os impactos que eles provocam sobre você mesmo, a economia, as relações sociais e a natureza.

Ministério do Meio Ambiente. Disponível em: <www.mma.gov.br/component/k2/item/7589?Itemid=849>. Acesso em: jul. 2015.

1. Em sua escola e em sua moradia, qual é o destino do lixo? O que é feito com ele?

2. Que medidas podem ser adotadas para reduzir a quantidade de lixo produzida?

Tratamento de água e esgoto

Outra parte importante do saneamento básico é o tratamento da água e do esgoto. A água tem de ser tratada, limpa e descontaminada para ser consumida sem oferecer riscos à saúde, isto é, para que seja potável. Consumir água não tratada pode causar sérios danos à saúde humana.

A água usada do banho, da lavagem de louças e de roupas e da descarga do vaso sanitário vai para o esgoto.

▶ O destino final do esgoto são os rios e oceanos. Para não contaminar as águas dos rios e oceanos, o material que sai dos esgotos deve ser tratado antes de ser despejado neles. Cidades cujos esgotos são tratados têm menor poluição e impõem menos riscos às pessoas e ao meio ambiente.

O saneamento básico adequado favorece a redução de doenças ocasionadas por excesso de lixo e por água contaminada ou poluída. Todo cidadão tem direito a um ambiente limpo, bem cuidado e saudável. Os governantes devem se empenhar para fornecer os serviços básicos, mas a população também tem de fazer sua parte no dia a dia, reciclando o lixo e não poluindo rios nem mares.

Para ir mais longe

Site
▶ *Água.* <www.saaemogi.com.br/info_agua.swf>.
Conheça algumas formas de evitar o desperdício de água.

Brincar e aprender

1 Vamos ajudar o menino a seguir o caminho mais adequado. Para isso é necessário observar a ausência de lixo, a presença de água tratada e o tratamento de esgoto.

Atividades

1 Responda às questões.

a) Em que consiste o saneamento básico?

_____

_____

b) Por que o saneamento básico é importante?

_____

_____

_____

2 Observe as imagens e leia as frases a seguir. Depois, associe os números das imagens às frases correspondentes.

▶ Água potável.   ▶ Esgoto.   ▶ Lixo.

a) ◯ Esse recurso natural mostrado na fotografia tem um ciclo na natureza.

b) ◯ Sai contaminado ou poluído das moradias e construções comerciais.

c) ◯ Deve ter um destino correto e não ficar acumulado nas ruas.

d) ◯ Se não for tratado, polui os rios.

e) ◯ Antes de ser consumida, precisa ser tratada.

f) ◯ É indispensável para a vida.

g) ◯ Pode entupir bueiros, piorando as enchentes.

◈ Moradia e desigualdade social nas cidades

Uma cidade pode ser muito diferente de outra. E em uma mesma cidade também há diversidade de paisagens, muitas por causa da desigualdade social, que é a diferença na condição econômica de seus moradores. Essa desigualdade se reflete principalmente nas construções e na forma de morar.

Ter moradia é direito de todo cidadão, ou seja, todos devem ter um local para morar, um abrigo, para não viver em situação de risco.

Entretanto, esse não é um direito assegurado a todos, pois muitas pessoas não conseguem um local adequado e constroem moradias em áreas que oferecem risco, como encostas de morros ou **margens** de rios. Há também as **favelas**, cujo número tem aumentado nas cidades.

Algumas pessoas em situação de rua dormem nas calçadas, em bancos de praças ou em outros locais inadequados.

Vocabulário

Favela: área de uma determinada cidade com presença de moradias precárias e falta de infraestrutura.

Margem: área que fica em cada lado do rio.

▶ Favela de São Paulo, São Paulo, 2012.

▶ Niterói, Rio de Janeiro, 2015.

Além do problema de pessoas em situação de rua ou vivendo em áreas precárias, há também nas cidades, especialmente nas grandes, muita desigualdade social.

As pessoas não recebem os mesmos salários por seus trabalhos. Essa diferença nos rendimentos possibilita a alguns viver com mais conforto e adquirir mais bens materiais, enquanto outros vivem com poucos recursos e com salários que, às vezes, mal dão para suprir a alimentação.

Assim, uns têm muito, como moradias luxuosas, carros, roupas caras e conforto material, e outros vivem com dificuldades, sem casa própria e habitando moradias precárias, sem carro nem objetos caros.

Nas grandes cidades, são comuns paisagens como esta da imagem a seguir.

▶ Nesta fotografia, é possível notar a desigualdade social marcada na paisagem urbana: moradias bem estruturadas ao lado de habitações precárias. Rio de Janeiro, Rio de Janeiro, 2013.

É comum também vermos moradias em encostas de morros ou em áreas perigosas e insalubres.

▶ Impossibilitadas de comprar ou construir sua casa nas áreas caras e seguras da cidade, muitas pessoas erguem moradias em áreas de risco, como na encosta de um morro ou na margem de um córrego. Rio de Janeiro, Rio de Janeiro, 2012.

Alguns estudiosos afirmam que, para resolver essa desigualdade no Brasil e em muitos outros países, é necessário investir em educação e na organização popular, de modo que as pessoas passem a reivindicar ao governo melhores condições de vida.

▶ Distribuição de computadores em escola da rede pública. São José dos Campos, São Paulo, 2014.

Crianças de famílias que não têm recursos pedem esmolas ou trabalham em semáforos nas ruas da cidade, por exemplo. Além da miséria e da pobreza, um dos resultados da desigualdade social, que exclui algumas camadas da população, é a violência urbana. Roubos e assaltos, por exemplo, são fenômenos comuns em grandes e até mesmo em pequenas e médias cidades.

Atividades

1 Marque com um **X** somente as alternativas corretas em relação à moradia.

a) ☐ Precisa ter saneamento básico.

b) ☐ Deve oferecer abrigo e conforto aos moradores.

c) ☐ Não oferece risco quando construída em local perigoso.

d) ☐ Deve ser construída em local que não ofereça riscos.

e) ☐ O direito à moradia é assegurado a todos os brasileiros.

2 Observe as imagens a seguir e responda às questões.

▶ Petrópolis, Rio de Janeiro, 2013.

▶ Esteio, Rio Grande do Sul, 2013.

a) Com quais ameaças os moradores dessas casas convivem?

_____
_____
_____

b) No lugar onde você mora há desigualdade social? Escreva a respeito.

_____
_____
_____

◈ Transportes nas cidades

Outro problema comum em grandes cidades é a falta de investimento em transporte coletivo, como ônibus, metrôs e trens, e na criação de ciclovias. Em razão do transporte coletivo lento, ineficiente e precário, as pessoas pegam ônibus, trens e metrôs lotados (porque faltam meios de transporte para atender a toda a população) ou optam pelo automóvel, sobrecarregando o trânsito e causando **congestionamentos**, principalmente nos horários de pico (horário de entrada e de saída do trabalho e da escola, por exemplo). Como afetam o bem-estar das pessoas, os congestionamentos podem ser considerados um problema ambiental.

> **Vocabulário**
>
> **Congestionamento:** acúmulo de veículos, que impede ou dificulta o tráfego e a livre circulação.

Além do aumento de investimento em meios de transporte coletivo, é necessário que os governantes melhorem a qualidade da infraestrutura viária, construindo viadutos e rotas alternativas, por exemplo. Além disso, é preciso que os locais de trabalho sejam mais bem distribuídos pela cidade, não se concentrando no centro, o que piora o trânsito. As tarifas de transporte coletivo devem ser acessíveis, tendo preço adequado à realidade econômica da população.

Esse conjunto de medidas incentivaria as pessoas a evitar os carros e a utilizar com mais frequência os meios de transporte coletivo.

▶ Nas grandes cidades, a falta de transporte coletivo eficiente e de qualidade faz muitas pessoas enfrentarem condições precárias para ir ao trabalho, à escola e a outros lugares. São Paulo, São Paulo, 2014.

▶ As ciclovias são uma alternativa interessante para amenizar os problemas de trânsito na cidade. Florianópolis, Santa Catarina, 2014.

Baú de informações

Conheça algumas medidas ou soluções para melhoria da mobilidade urbana, isto é, das condições para o deslocamento de pessoas, veículos e mercadorias.

Livro lista dez princípios básicos para a mobilidade sustentável

[...]

- Direito de andar: Todos os indivíduos são pedestres, é essencial ter um ambiente de trânsito a pé de qualidade;
- Transporte não poluente: O melhor meio de transporte é aquele que não polui, o uso das bicicletas e de não motorizados deve ser encorajado com vias específicas;

▶ Estação de metrô. Fortaleza, Ceará, 2013.

- Mobilidade coletiva: Para maiores distâncias, a melhor alternativa é o transporte coletivo de qualidade;
- Restrição ao acesso de veículos: Em lugares de grande trânsito de pedestres e muitas construções, o acesso de veículos e coletivos deve ser reduzido; [...]
- Integração: Um bom bairro é aquele que integra áreas residenciais às comerciais e de lazer. Essa diversidade atrai as pessoas para trabalharem, comprar ou simplesmente aproveitar o espaço; [...]
- Conectar espaços: Conexões entre quarteirões diminuem a distância entre os destinos e possibilitam o trânsito a pé ou em bicicletas;
- Pensar longe: Investir a longo prazo em construções de vias públicas torna o transporte mais sustentável, já que o gasto com reparações é menor e a durabilidade maior.

Ecodesenvolvimento, 23 ago. 2010. Disponível em: <www.ecodesenvolvimento.org/noticias/como-fazer-da-sua-cidade-um-modelo-de>. Acesso: jul. 2015.

Atividades

1 Escreva o nome de três meios de transporte coletivo que podem ser utilizados nas cidades.

_____

2 Por que há problemas de transportes nas cidades?

_____

_____

_____

3 Como é possível melhorar o transporte nas cidades?

_____

_____

_____

4 No município onde você vive há muitos congestionamentos? Que medidas devem ser adotadas para reduzi-los?

_____

_____

_____

5 Ligue os pontos e descubra um meio de transporte que é uma alternativa para diminuir os congestionamentos.

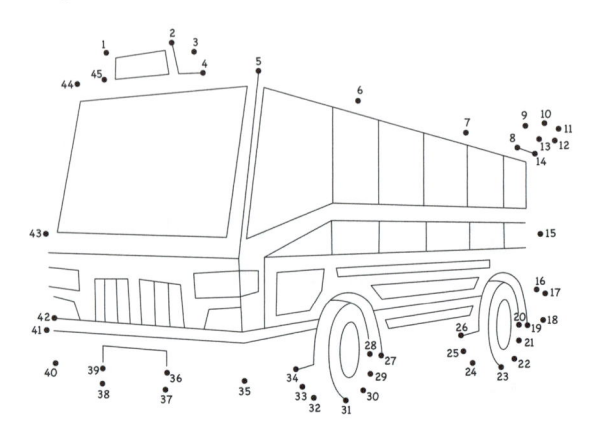

Poluição urbana

Nas cidades, são comuns alguns problemas ambientais, como poluição e diminuição das áreas verdes.

O termo **poluição** é empregado sempre que um agente ou elemento indesejável ao meio ambiente é introduzido nele. Nos congestionamentos, por exemplo, que você estudou anteriormente, há muitos veículos nas ruas, e a fumaça que sai dos escapamentos deles polui o ar. Além desse tipo, outras formas de poluição são a da água, a do solo, a sonora e a visual. Vamos conhecer cada uma delas.

Poluição do ar

A **poluição do ar** é um dos problemas das grandes cidades. As queimadas, as chaminés das fábricas e os escapamentos de veículos soltam fumaça e gases tóxicos que podem causar doenças respiratórias e pulmonares às pessoas.

A exposição a um poluente, mesmo que por curto período de tempo, causa incômodos físicos: cansaço, tosse seca, irritação nos olhos, no nariz e na garganta e alergias. Uma pessoa que fica muito tempo em um congestionamento está sujeita à poluição do ar.

▶ Indústria lança fumaça no ar da cidade. Volta Redonda, Rio de Janeiro, 2014.

◈ Poluição da água

A **poluição da água** ocorre quando o esgoto é lançado diretamente nos rios e o lixo é atirado em suas margens. Isso compromete a qualidade das águas, que se tornam inadequadas para o consumo humano e para o desenvolvimento da vida.

◈ Poluição do solo

A **poluição do solo** ocorre quando é depositada sobre ele quantidade excessiva de lixo. Essa situação é pior nas cidades com grande número de habitantes, pois o volume de lixo produzido é maior.

Quando o lixo descartado pela população vai para os lixões, as consequências são o mau cheiro, o aumento do número de ratos, baratas, moscas e mosquitos, além da contaminação do solo e das águas que ficam sob sua superfície, porque o lixo contém substâncias tóxicas. Quando ele é jogado nas ruas, entope os bueiros e os rios, aumentando o risco de enchentes.

▶ O contato com a água de um rio poluído ou o consumo dessa água são prejudiciais à saúde de pessoas, plantas e animais. São Paulo, São Paulo, 2014.

▶ Depósito de lixo a céu aberto (conhecido como lixão). Rio de Contas, Bahia, 2014.

Para ir mais longe

Livro

▶ *Iara e a poluição das águas*, de Samuel Murgel Branco. São Paulo: Moderna, 2011.

O autor recorre a figuras do folclore brasileiro, como a Iara, protetora das águas, e o Curupira, protetor das florestas e dos animais, para comentar a poluição das águas.

◈ Poluição sonora

Quem vive em uma cidade grande ouve muitos sons: de buzina, do ronco de motores e freadas de automóveis, barulho de empresas, ruído de avião, sirene de viaturas policiais e de ambulâncias, som de rádio e televisão, barulho de construções, entre outros. Todos esses sons são responsáveis pela **poluição sonora**.

Nem todas as pessoas toleram os ruídos da mesma forma. Algumas não se importam com o barulho; outras, ao contrário, são mais sensíveis e afetadas por qualquer som.

◈ Poluição visual

Nas cidades há grande quantidade de cartazes publicitários, anúncios, *banners*, placas, *outdoors*, pichações, entre outros. Esses elementos dificultam a percepção dos espaços da cidade, provocando **poluição visual**, que causa cansaço nos olhos das pessoas e problemas no trânsito, porque os motoristas e pedestres se distraem e ocorrem acidentes.

▶ *Outdoors* em rua no centro da cidade. Araguari, Minas Gerais, 2015.

Valores e vivências

Grande parte dos ruídos poderia ser evitada com cidadania e respeito ao próximo. Som em volume muito alto ou o barulho causado por festas e reuniões até tarde são atitudes desrespeitosas com os vizinhos. Converse com os colegas sobre as questões a seguir.

1. Na área urbana de seu município há muito barulho de carros e máquinas em operação?

2. Você ou alguém de sua família já teve problemas na vizinhança com pessoas que fazem muito barulho?

3. Suas atitudes diárias contribuem para a poluição sonora?

Atividades

1 Como podemos reconhecer um ambiente poluído?

_____

_____

2 Cite as cinco formas de poluição estudadas. Quais tipos de poluição ocorrem no lugar onde você vive?

_____

_____

3 Quais problemas a poluição pode causar à saúde das pessoas? Você conhece pessoas que têm problemas de saúde por causa da poluição? Quem são? O que elas têm?

_____

_____

_____

4 O que pode fazer com que um rio fique poluído?

_____

_____

5 Circule de **vermelho** os elementos que podem causar poluição visual e de **azul** os que podem causar poluição sonora.

SINAIS LUMINOSOS   **SIRENES**

RONCO DE MOTORES

SOM ALTO   *OUTDOORS*

6 Escreva a forma de poluição apresentada nas imagens.

a) _____

b) _____

c) _____

d) _____

e) _____

f) _____

7 Leia a charge e escreva qual é a atitude inadequada em relação ao ambiente.

"Pelo jeito não está nem um pouco preocupado com o tipo de mundo que vai deixar para os jovens!"

_____

_____

❖ Cuidando do ambiente das cidades

Outra questão ambiental nas cidades é a falta de áreas verdes. O concreto, o asfalto e o excesso de construções dificultam a circulação do ar, e a ausência de árvores aumenta a força da chuva sobre o solo, o que provoca erosão. As copas das árvores, suas folhas e galhos, amortecem as águas das chuvas; sem elas, aumenta o impacto no solo.

▶ Além de contribuir para a diminuição dos impactos ambientais urbanos, as áreas verdes também servem de espaços de lazer para a população da cidade. Belo Horizonte, Minas Gerais, 2014.

Além disso, as árvores oferecem sombra, o que refresca o ambiente. Segundo algumas pesquisas, locais com espaços arborizados têm efeito positivo na saúde e no bem-estar das pessoas e ajudam na recuperação dos doentes.

As árvores também servem de moradia para muitos animais, como aves e insetos, além de nos fornecer alimento.

▶ João-de-barro constrói ninho em uma árvore. Poconé, Mato Grosso, 2014.

Brincar e aprender

1 Descubra quantos animais estão abrigados nesta árvore.

Com a ajuda do professor de Ciências, escolha um dos animais abrigados na árvore e faça uma pesquisa sobre ele. Procure saber onde habita, de que se alimenta e como é seu modo de vida. Anote as informações no caderno.

Atividades

1 Em sua opinião, o que pode ser feito para que haja mais áreas verdes na cidade? Anote no caderno.

2 No lugar onde você mora há áreas verdes ou predominam as construções e o asfalto?

_____

_____

3 Leia o texto e responda às questões oralmente.

A importância das áreas verdes para a qualidade ambiental das cidades

As áreas verdes são importantes para a qualidade ambiental das cidades [...].

A falta de **arborização**, por exemplo, pode trazer **desconforto térmico** [...], e como essas áreas também assumem papel de lazer e recreação da população, a falta desses espaços interfere na qualidade de vida [...].

Entende-se que a população urbana depende, para o seu bem-estar, não só de educação, cultura, equipamentos públicos, mas também de um ambiente com qualidade [...].

Vocabulário

Arborização: conjunto de árvores em um lugar.

Desconforto térmico: no texto, significa desconforto em relação às temperaturas e à umidade do ar.

Valéria Lima; Margarete Cristiane de Costa Trindade Amorim. A importância das áreas verdes para a qualidade ambiental das cidades. *Revista Formação,* n. 13. Disponível em: <http://revista.fct.unesp.br/index.php/formacao/article/view/835/849>. Acesso em: jul. 2015.

a) De acordo com o texto, qual é a importância das áreas verdes?

b) Quais itens são citados como elementos importantes para o bem-estar da população urbana?

Revendo o que você aprendeu

1 Por que as paisagens das cidades se modificam?

_____

_____

_____

2 O que é saneamento básico?

_____

_____

_____

3 Cada um de nós pode contribuir para diminuir a produção de lixo separando o material utilizado no dia a dia para reciclagem e jogando na lixeira de casa somente material orgânico. Ao adotar essa atitude, ajudamos a criar um mundo com menor quantidade de lixo e, consequentemente, menos poluição. Relacione o tipo de material ao local onde ele deve ficar até ser recolhido pelo caminhão do lixo.

73

4 No Brasil, todas as pessoas têm moradia adequada? Justifique sua resposta.

_____

_____

_____

5 Complete o diagrama de palavras.

1. Tipos de gases que poluem a cidade.

2. Nas cidades, o lixo pode ser levado para os _____.

3. O lixo que não é descartado corretamente polui as _____ dos rios.

4. Lixo nos bueiros e rios aumenta o risco de _____.

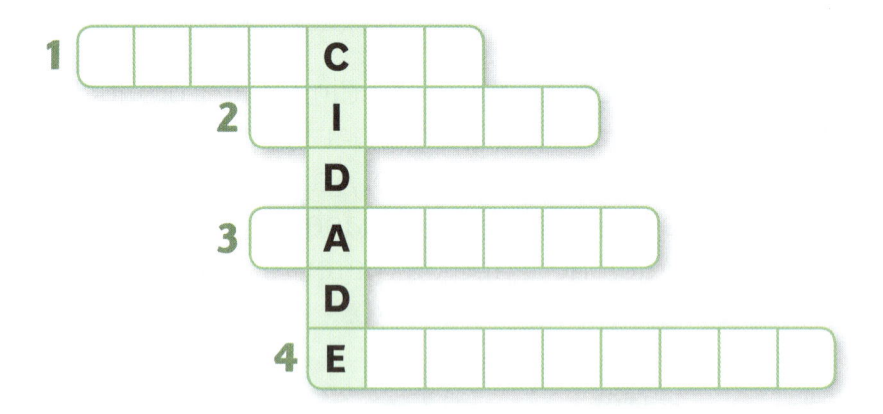

```
1 [ ][ ][ ][C][ ][ ][ ][ ]
        2 [ ][I][ ][ ][ ]
             [D]
      3 [ ][ ][A][ ][ ][ ][ ]
             [D]
           4 [E][ ][ ][ ][ ][ ][ ]
```

6 Identifique e escreva o tipo de poluição que as imagens retratam.

a) ▶ São Bento, Maranhão, 2014.

b) ▶ Pirapora do Bom Jesus, São Paulo, 2015.

_____   _____

74

c) ▶ São Paulo, São Paulo, 2015.

d) ▶ São Paulo, São Paulo, 2014.

7 Escreva **V** se a informação for verdadeira ou **F** se for falsa.

a) ☐ As paisagens naturais são alteradas para a construção das cidades.

b) ☐ As sombras das árvores refrescam o ambiente.

c) ☐ Nas cidades, as paisagens naturais foram pouco alteradas.

d) ☐ Nos solos onde há árvores as chuvas causam menor impacto e menos erosão.

8 No lugar onde você vive há áreas verdes, como parques, praças ou jardins? No caderno, cole uma imagem ou desenhe um desses locais.

9 O Instituto Akatu publicou uma cartilha com o título *Uso Consciente do Transporte*.

Leia a seguir algumas dicas da cartilha, escolha uma delas e desenhe no caderno a situação descrita para melhorar o ambiente.

> Menos trânsito? Mais gente no carro [...].
> Menos tempo desperdiçado? Mais transporte coletivo [...].
> Menos poluição? Mais tecnologias, mais limpas [...].
> Menos *stress*? Mais uso da bicicleta [...].
> Menos congestionamento? Mais horário flexível [...].
>
> Fátima Cardoso. Disponível em: <www.akatu.org.br/central/especiais/2009/dados-de-emissaode-poluentes-pelos-automoveis-divulgados-pelo-ministerio-do-meio-ambiente-confundem-osconsumidores>. Acesso em: jan. 2015.

CAPÍTULO 4 — O espaço rural

Diálogo inicial

Leia o poema.

Vocabulário

Campear: andar no campo a cavalo, em procura ou tratamento do gado; fazer explorações.

Infância

Meu pai montava a cavalo, ia para o campo.
Minha mãe ficava sentada cosendo.
Meu irmão pequeno dormia.
Eu sozinho menino entre mangueiras lia a história de Robinson Crusoé, comprida história que não acaba mais. [...]
Minha mãe ficava sentada cosendo olhando para mim:
– Psiu... Não acorde o menino.
Para o berço onde pousou um mosquito.
E dava um suspiro... que fundo!
Lá longe meu pai **campeava** no mato sem fim da fazenda.
E eu não sabia que minha história era mais bonita que a de Robinson Crusoé.

Infância. In: *Alguma Poesia*, de Carlos Drummond de Andrade. Companhia das Letras, São Paulo; Carlos Drummond de Andrade © Graña Drummond <www.carlosdrummond.com.br>. Acesso em: maio 2014.

1. A família retratada no poema vive na área rural ou na urbana? Por quê?
2. Que alimentos provenientes da área rural você consome?

Diferentes paisagens do campo

Nos capítulos anteriores, você viu que o espaço da cidade se caracteriza pela presença de muitos elementos culturais, população numerosa, adensamento de construções, além de atividades como indústria, comércio e prestação de serviços.

As paisagens do campo são bem diferentes das paisagens da cidade.

No espaço do campo predominam as atividades ligadas à terra, como as plantações, criação de animais e extração de recursos da natureza.

Nesse espaço, também chamado de espaço rural, existem propriedades de diferentes tamanhos. As diferenças também se verificam quanto à presença de máquinas e equipamentos, bem como às atividades desenvolvidas.

▶ Plantação de abacaxi na zona rural. Frutal, Minas Gerais, 2014.

▶ Criação de gado ovino. Santa Vitória do Palmar, Rio Grande do Sul, 2012.

Tipos de propriedade no campo

No campo, tanto há pequenas quanto grandes propriedades. Elas diferenciam-se pelo tipo de plantação, pela finalidade dessa plantação (para consumo da família ou para vender em larga escala) e pelo tipo de instrumento de trabalho utilizado.

▶ Trabalho com enxada. Santa Maria, Rio Grande do Sul, 2014.

77

Nas pequenas propriedades, os trabalhadores, em geral, utilizam menos **mecanização**, e algumas tarefas podem ser realizadas de forma manual, com o auxílio de instrumentos como a enxada, a foice, o machado e o **arado**, puxado por animais.

Vocabulário

Arado: instrumento que serve para arar a terra, deixando-a mais solta para o plantio.

Mecanização: uso de ferramentas para substituir o trabalho dos seres humanos.

▶ Arado tradicional puxado por bois. Tabira, Pernambuco, 2010.

Nas grandes propriedades há arados, colheitadeiras e semeadeiras. A colheitadeira é uma máquina utilizada para colher diferentes tipos de produtos agrícolas. Já a semeadeira é uma máquina que ajuda os agricultores a plantar as sementes em filas bem espaçadas.

▶ Colheitadeira despejando soja em caminhão. Cacequi, Rio Grande do Sul, 2015.

▶ Semeadeira. Floresta, Paraná, 2015.

As pequenas propriedades rurais são chamadas de minifúndios; as grandes são denominadas latifúndios.

Nos **minifúndios**, a principal forma de cultivo praticada é a de **subsistência**. O que é produzido serve para o próprio sustento, e o que sobra é vendido. Pratica-se a **policultura**, isto é, o cultivo de vários produtos. Geralmente a agricultura familiar utiliza mão de obra própria, e sua fonte de renda está na exploração e na comercialização do excedente, do que não é consumido pela família. Portanto, ela é voltada para a produção de alimentos.

Nessas pequenas propriedades podemos encontrar pomares e hortas. Dos pomares, obtêm-se frutas, e das hortas, verduras e legumes. Algumas chácaras são locais de passeio e repouso de pessoas que moram nas cidades. Nesse caso, o espaço é utilizado especialmente para o descanso nos fins de semana. As granjas são pequenas propriedades rurais onde são criadas aves, principalmente galinhas.

▶ Pequena propriedade rural com horta. Marmelópolis, Minas Gerais, 2013.

▶ Pessoas descansando em propriedade rural. Miranda, Mato Grosso do Sul, 2010.

▶ Criação de frangos em granja. São José do Vale do Rio Preto, Rio de Janeiro, 2014.

Nos **latifúndios**, grandes propriedades rurais. Nelas, em geral, desenvolve-se a criação de animais ou a **monocultura**, isto é, o cultivo de um único produto.

Nessas propriedades são utilizadas muitas máquinas agrícolas, e o trabalho é feito por pessoas contratadas em épocas específicas da produção, principalmente na etapa da colheita. Essas pessoas são os **boias-frias**. A produção dos latifúndios, em geral, destina-se à **exportação** ou à venda nos grandes centros consumidores.

Vocabulário

Boias-frias: trabalhadores temporários que migram de uma região agrícola para outra acompanhando o ciclo produtivo das diversas culturas.

Exportação: venda de produtos para outros países.

▶ Colheita mecanizada de cana-de-açúcar. Guaíra, São Paulo, 2013.

▶ Boias-frias no preparo da cultura da cana-de-açúcar. Piracicaba, São Paulo, 2013.

Para ir mais longe

Livro

▶ *Uma aventura no campo*, de Samuel Murgel Branco e Luiz Eduardo Ricon. São Paulo: Editora Moderna, 2010.

O livro convida o leitor a visitar o campo ou a viver um tempo nele, tendo a oportunidade de conhecer os costumes e as atividades típicas do ambiente rural.

Filme

▶ *Turma da Mônica em Bicho-papão e outras histórias*, Brasil, 2004. Paramount Home Vídeo.

São apresentadas oito histórias da Turma da Mônica. Três delas referem-se ao meio rural: "Chico: oia a onça", "O causo das formigas" e "Na roça é diferente".

Brincar e aprender

1 Qual das sombras corresponde à ferramenta do agricultor?

2 Você sabe qual é o instrumento utilizado nesta imagem pelo agricultor? Ordene as letras e descubra. Uma dica: é um instrumento utilizado em minifúndios para plantar as sementes.

L E A R P A I N A T D

Atividades

1 Responda às questões abaixo.

a) Como o campo também pode ser chamado?

_____

_____

b) Cite duas atividades importantes que se desenvolvem no espaço do campo.

_____

c) Como podem ser as propriedades no campo? Em que elas se diferenciam?

_____

_____

2 Leia as sentenças e identifique a legenda correta para cada uma.

🟩 Espaço rural   🟥 Espaço urbano

a) ⬜ Atividades ligadas à terra.

b) ⬜ Destacam-se a atividade comercial e a industrial.

c) ⬜ Maior movimento de veículos.

d) ⬜ Presença de máquinas agrícolas, como arados, colheitadeiras e semeadeiras.

3 Leia a tira a seguir e anote no caderno o tipo de propriedade rural que o pai de cada personagem possui.

4 Responda às questões.

a) Em que tipo de propriedade geralmente é praticada a monocultura?

___

b) Cite uma característica dos latifúndios.

___

___

c) Cite uma característica dos minifúndios.

___

___

___

d) Escreva uma frase com a palavra **boia-fria**.

___

___

___

5 Observe as imagens e depois responda às questões.

▶ Cultivo manual da terra. Bom Jesus da Serra, Bahia, 2014.

▶ Colheita mecanizada do algodão. Chapadão do Sul, Mato Grosso do Sul, 2014.

a) Qual fotografia mostra a agricultura familiar? Por quê?

___

___

b) Qual fotografia mostra a agricultura comercial? Por quê?

___

___

6 Observe o gráfico e responda às questões.

Brasil: participação da agricultura familiar na produção de alimentos (2014)

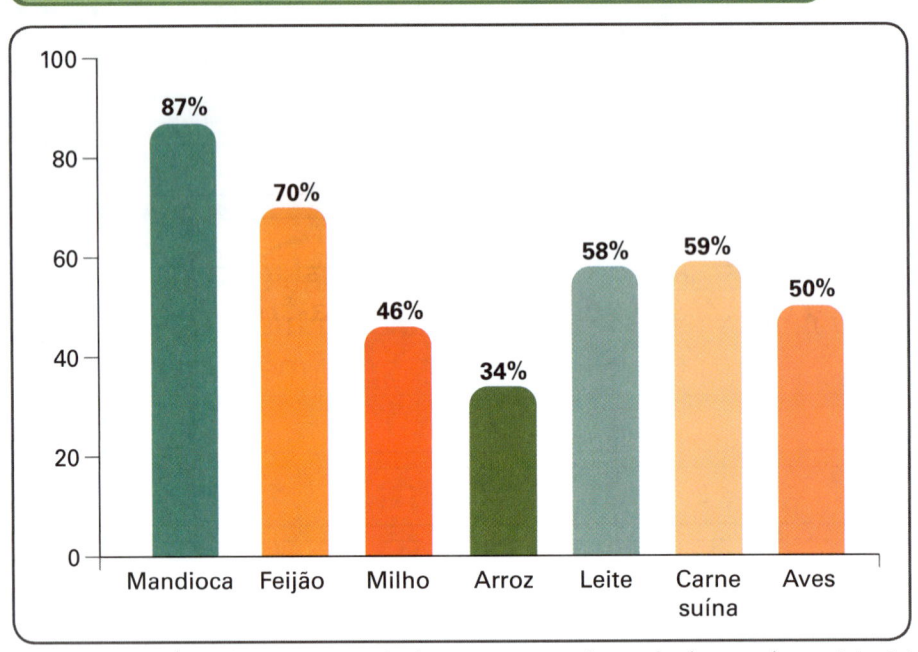

Produto	%
Mandioca	87%
Feijão	70%
Milho	46%
Arroz	34%
Leite	58%
Carne suína	59%
Aves	50%

Fonte: Embrapa. Disponível em: <www.embrapa.br/busca-de-noticias/-/noticia/1871776/artigo-a-agricultura-familiar-brasileira-no-contexto-mundial>. Acesso em: jul. 2015.

a) O que o gráfico representa?

___

___

b) O gráfico refere-se à importância da agricultura familiar? Por quê?

___

___

___

___

___

Brincar e aprender

1 Descubra qual das pessoas é proprietária da Chácara Verdes Campos. Depois assinale a alternativa que faz referência a esse tipo de propriedade rural.

As chácaras são usadas geralmente como:

a) ⃝ locais de lazer.

b) ⃝ locais para criação de um grande número de animais.

c) ⃝ locais para a produção industrial.

d) ⃝ locais para comércio de produtos agrícolas.

Cartografia

1 As imagens a seguir retratam a mesma paisagem rural. Compare os tipos de visão (as perspectivas ou pontos de vista) e converse com os colegas sobre as diferenças entre eles.

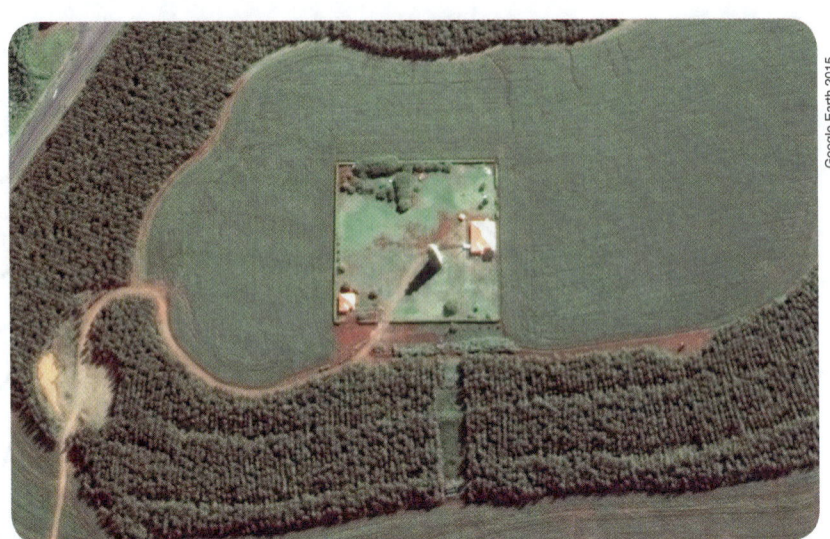

▶ Propriedade rural. Sertanópolis, Paraná, 2015.

▶ Propriedade rural. Sertanópolis, Paraná, 2015.

a) Qual é o local representado pelas imagens?
b) Qual das imagens apresenta uma visão vertical? Justifique.

_____

c) Qual das imagens apresenta uma visão oblíqua? Justifique.

_____

2 A área rural foi dividida em duas partes. Identifique as atividades realizadas ou os elementos presentes em cada uma.

1 _____
_____
_____

2 _____
_____
_____
_____

87

◈ Acesso à terra

Quando estudou as cidades, você verificou que no Brasil há desigualdade social. Lembra-se? No campo ocorre algo semelhante.

Em nosso país, a distribuição de terras é bastante desigual e injusta, e muitas pessoas não têm terras para plantar.

Por isso, é necessário promover a reforma agrária no campo. Reforma agrária são medidas tomadas pelo governo para distribuir melhor a terra. Ela possibilita que propriedades particulares e latifúndios improdutivos sejam comprados pelo governo e distribuídos a famílias que não têm terra.

Além de distribuir terras, a reforma agrária propicia melhoria nas condições de desenvolvimento do campo mediante empréstimos de dinheiro (financiamento), acesso a sementes para o cultivo, prestação de consultoria (ajuda de técnicos especializados em assuntos do campo a famílias que recebem terras para cultivar), entre outras medidas.

Nas últimas décadas, o tema da reforma agrária vem sendo debatido no Brasil, mas o processo para implantá-la é muito lento. Por causa disso, surgiram, na história do país, movimentos que lutam pela distribuição e pelo acesso à terra. Em sua luta por melhor distribuição de terras, muitas vezes os integrantes desses movimentos organizam passeatas, manifestações, acampamentos e ocupações de fazendas (muitas improdutivas).

▶ Área ocupada por trabalhadores rurais sem terra. Londrina, Paraná, 2012.

Para ir mais longe

Livro
▶ *Pascoalzinho pé-no-chão: uma fábula da Reforma Agrária*, de Chico Alencar. São Paulo: Expressão Popular, 2000.
O tema central do livro é a reforma agrária.

Baú de informações

Leia o texto a seguir e conheça mais da reforma agrária.

[...] – O que é reforma agrária?

– Reforma agrária, pessoal, tem por objetivo promover distribuição mais justa de propriedades rurais. O Estado é o responsável por comprar ou **desapropriar** terras de grandes latifundiários e distribuir **lotes** menores para famílias mais pobres, que vão plantar e sobreviver desse plantio.

– E quem são esses grandes latifundiários, professor?

– São proprietários de grandes extensões de terra, cuja maior parte aproveitável não é utilizada. O Estado tem obrigação de garantir o direito ao acesso à terra para quem nela vive e trabalha. Várias famílias camponesas, no entanto, são expulsas do campo, tendo suas propriedades adquiridas por grandes latifundiários. E essa obrigação não é uma coisa que eu acho, ela está prevista no Estatuto da Terra que, infelizmente, não é posto em prática. A realização da reforma agrária no Brasil é lenta e enfrenta várias barreiras. Entre elas, podemos destacar a resistência dos grandes proprietários rurais e as dificuldades **jurídicas**. [...]

Turminha do MPF. *Turminha aprende sobre reforma agrária e assentamento*. Disponível em: <http://www.turminha.mpf.mp.br/proteja-a-natureza/terra/turminha-aprende-sobre-reforma-agraria-e-assentamento>. Acesso em: jul. 2015.

Vocabulário

Desapropriar: tirar da posse de alguém; transformar um bem particular em bem público.
Lotes: partes.
Jurídicas: relativas às leis.

Um pouco mais sobre...

O campo nas obras de arte

No Capítulo 1, você viu obras de arte que retratam as paisagens da cidade.

O campo também foi representado em obras de arte por diversos artistas. Veja alguns exemplos.

▶ Edgar Calhado. *Paisagem rural*, 2011. Acrílico sobre tela, 50 x 80 cm.

▶ Sônia Furtado. *Na horta*, 1992. Óleo sobre tela, 38 x 46 cm.

1 Quais são os elementos em comum, representados nas obras de arte, que retratam o campo?

_____

_____

2 Agora é sua vez. Em uma folha de papel sulfite desenhe e pinte uma paisagem do campo. Escolha a técnica que quiser: lápis de cor, caneta hidrocor, giz de cera, guache etc. O professor organizará uma mostra coletiva de arte sobre paisagens do campo, e os trabalhos da turma serão expostos à comunidade escolar. Capriche!

Revendo o que você aprendeu

1 Coloque **V** se a informação for verdadeira e **F** se for falsa.

a) ☐ O espaço do campo também é chamado de espaço rural.

b) ☐ A maior parte dos brasileiros vive na zona rural.

c) ☐ O comércio é a principal atividade econômica da zona rural.

d) ☐ Colheitadeira, semeadeira, arado, pá e enxada são equipamentos utilizados no espaço do campo.

2 Responda às questões.

a) Qual é a diferença entre minifúndio e latifúndio?

_____

_____

b) Qual é a diferença entre a monocultura e a policultura?

_____

_____

c) O que é agricultura familiar?

_____

_____

3 Onde é mais comum encontrar os instrumentos agrícolas descritos no quadro?

Circule de azul os instrumentos comumente encontrados nos minifúndios, e de vermelho os encontrados nos latifúndios.

| arado | colheitadeira | semeadeira | enxada | pá |

4 A distribuição de terras no Brasil é justa? Por quê?

_____

_____

5 Observe as ilustrações e complete o quadro informando se o produto é originário da horta ou do pomar.

	A	B	C	D
1	laranjas	couve-flor	tomates	peras
2	uvas	batatas	cenouras	alface

Referência	Produto	Localização
1A		
1B		
1C		
1D		
2A		
2B		
2C		
2D		

CAPÍTULO 5 — Atividades econômicas no espaço rural

Diálogo inicial

Troque ideias com os colegas e responda oralmente.

1. Nos primeiros quadrinhos, o que Magali está fazendo?
2. Essa atividade é praticada no espaço rural ou urbano?
3. Que outras atividades são realizadas nesse espaço?

Agricultura

Muito tempo atrás, os seres humanos não cultivavam a terra; eles viviam daquilo que a natureza lhes oferecia: coletavam frutos e raízes e caçavam animais. Eles não tinham moradia fixa e estavam sempre se deslocando à procura de alimentos. Por isso, eram considerados **nômades**, pois se mudavam constantemente para outros lugares.

Com o passar do tempo, perceberam que sementes largadas no chão transformavam-se em novas plantas e aprenderam a cultivar a terra. Aprenderam também a domesticar animais.

Os grupos humanos passaram a controlar a produção de alimentos, não dependendo mais totalmente daquilo que a natureza oferecia. Fixaram moradia, tornando-se **sedentários**, já que não precisavam mais se deslocar em busca de alimentos.

Assim surgiu a agricultura, a atividade de cultivar a terra, ou seja, preparar o terreno e semeá-lo, cuidar da plantação e colher o que foi cultivado, que serve de alimento para as pessoas e de matéria-prima para as indústrias.

▶ Cultivo de hortaliças em São José dos Campos, São Paulo, 2014.

No Brasil, a agricultura pode ser praticada de maneiras diferentes, dependendo da finalidade da produção, do modo de vida do agricultor, das técnicas e dos instrumentos empregados, bem como do dinheiro disponível para aplicar na atividade.

Como vimos no capítulo anterior, a agricultura pode ser de **subsistência** (quando o produto é destinado ao consumo do agricultor e de seus familiares) ou **comercial** (se os produtos são destinados à venda em larga escala para as indústrias ou à exportação).

▶ Exemplo de agricultura de subsistência, praticada em minifúndios, utilizando instrumentos simples. Rio Grande, Rio Grande do Sul, 2013.

▶ Colheita mecanizada de cana-de-açúcar em grande propriedade monocultora. Guaíra, São Paulo, 2013.

> **Brincar e aprender**

1 Ligue os pontos e você verá surgir um produto agrícola muito utilizado no Brasil. Ele é cultivado tanto na agricultura de subsistência como na agricultura comercial. Em seguida, pinte o desenho que se formou.

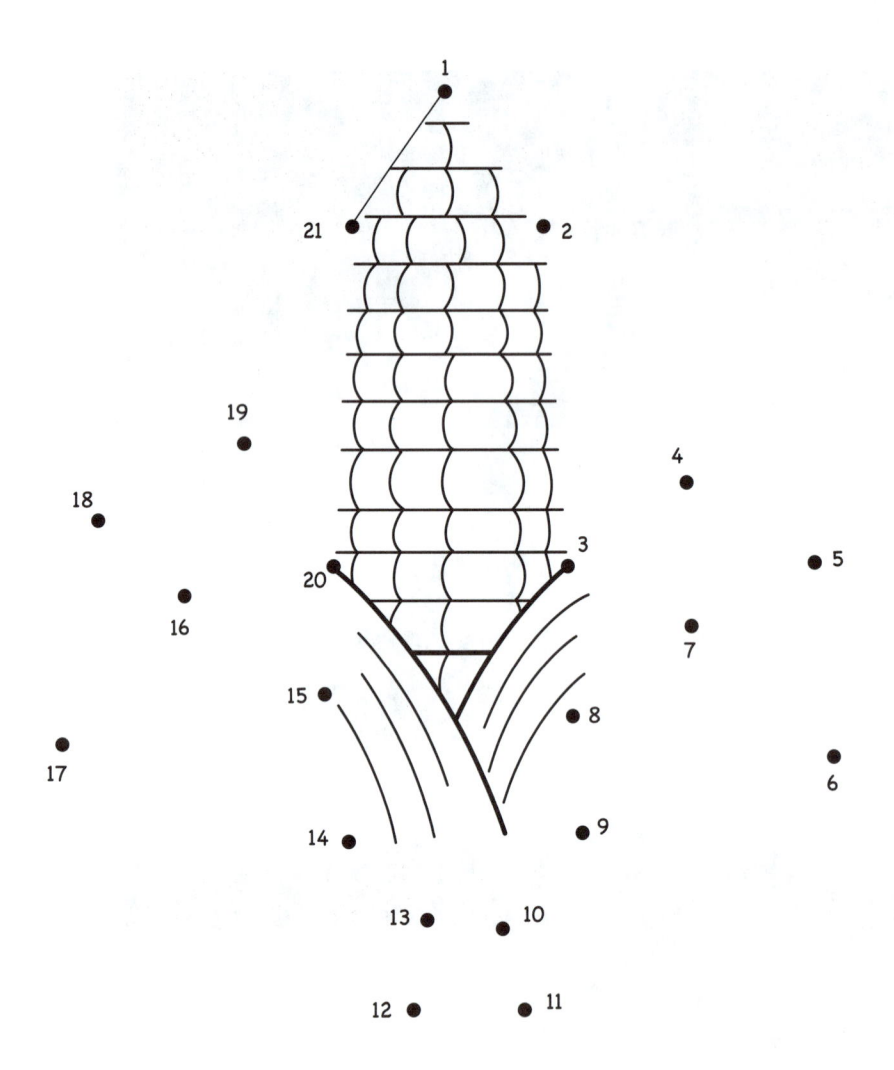

2 Localize no diagrama o nome de três derivados do produto encontrado na atividade anterior.

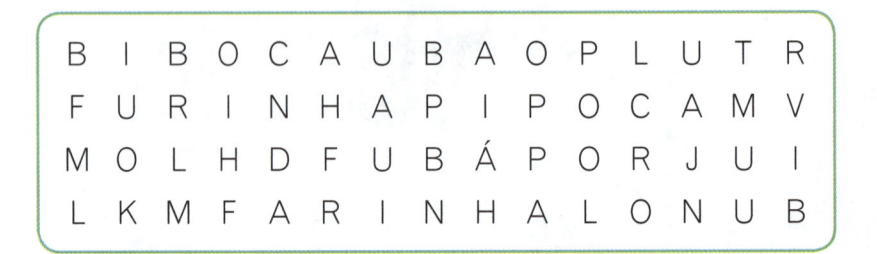

```
B I B O C A U B A O P L U T R
F U R I N H A P I P O C A M V
M O L H D F U B Á P O R J U I
L K M F A R I N H A L O N U B
```

Atividades

1 Responda às questões.

a) O que é agricultura?

_____

_____

b) Como os seres humanos sobreviviam quando não cultivavam a terra nem criavam animais?

_____

_____

2 André cultiva feijão, batata e milho em pequena quantidade e utiliza instrumentos como enxadas e foices. Irene tem uma grande fazenda e cultiva, com o uso de muitas máquinas, um único produto, cujo destino é a exportação. Que tipo de agricultura André pratica? E Irene? Quais são as diferenças entre esses tipos de agricultura?

_____

_____

_____

_____

_____

3 Numere as imagens de acordo com a sequência correta do trabalho agrícola.

◈ Condições para o desenvolvimento da agricultura

Para que a atividade agrícola se desenvolva, são necessárias algumas condições, como solo fértil, clima favorável, água e, de preferência, terrenos planos.

Os solos são importantes para a agricultura, porque fornecem água e nutrientes para o crescimento das plantas. Os solos de menor fertilidade precisam ser melhorados com fertilizantes e adubos.

Alguns produtos desenvolvem-se melhor no clima frio, como o trigo; outros, ao contrário, adaptam-se melhor ao clima quente, como a cana-de-açúcar.

As condições climáticas são muito importantes para a agricultura, que necessita de chuva e sol em quantidades ideais. A chuva é importante no período de desenvolvimento da planta, e os períodos sem chuva são necessários na época da colheita.

A água é necessária para regar; algumas espécies de plantas precisam de muita água, mas outras se desenvolvem bem em ambientes secos. A **irrigação** é necessária para a maioria das plantações, principalmente em locais onde quase não chove e as temperaturas são altas.

> **Vocabulário**
>
> **Irrigação:** ato de umedecer (molhar) a terra.

Os terrenos planos são mais favoráveis à agricultura. As áreas íngremes ou inclinadas precisam de técnicas especiais, como os degraus.

▶ Sistema de irrigação em plantio de hortaliças em terreno plano. Maringá, Paraná, 2013.

▶ Plantação de café em degraus, devido à área íngreme. Serra Negra, São Paulo, 2013.

Brincar e aprender

1 Decifre a carta enigmática e copie a frase.

🫡 – DAD fértil, 🌧️ e ☀️ na quantidade 🪵 – CA + 🃏 – CAR são necessários para uma 👄 – C produção agrícola.

#NaRede

O *site* do Instituto Brasileiro de Geografia e Estatística (IBGE) disponibiliza uma grande quantidade de dados sobre todo o território nacional. No portal do IBGE você pode encontrar informações sobre as características da população, da economia, do clima, da vegetação, entre outras variáveis.

Para esta atividade, serão pesquisados dados sobre a agricultura do seu estado e dos estados vizinhos a ele.

Com o auxílio do professor, a sala deve ser organizada em grupos. O número de grupos deve coincidir com o número de estados que serão pesquisados. Dessa forma, cada grupo ficará responsável pela pesquisa de um estado.

Acesse o site do IBGE @Estados:

- <http://www.ibge.gov.br/estadosat/>

No mapa da tela principal, clique no estado a ser pesquisado;

Em seguida, acesse o *link* "**Lavoura permanente**";

Com relação ao tópico **quantidade produzida** de cada cultivo, identifique os três com números mais elevados.

Cada grupo deve apresentar os resultados da pesquisa para que o professor organize, na lousa, os dados referentes a cada estado. Faça uma comparação dos produtos agrícolas de maior destaque entre os estados pesquisados.

- O que é possível concluir?
- A produção agrícola desses estados é diversificada?
- Há destaque de algum tipo de cultivo em relação aos outros?

Atividades

1 Explique como as condições a seguir interferem no desenvolvimento da agricultura.

a) Solo fértil.

_____

_____

b) Clima favorável.

_____

_____

c) Presença de água.

_____

_____

d) Solo plano.

_____

_____

2 Observe a imagem e responda no caderno: O que foi feito nesse terreno? Por que isso ocorreu?

▶ Plantação de arroz. Longsheng, China, 2014.

Pecuária

Pecuária é a atividade de criação de animais. Os animais são usados na produção de alimentos, no fornecimento de matéria-prima às indústrias e como meio de transporte de pessoas e de mercadorias.

Para manter o rebanho sadio, é necessário ter bons pastos, fornecer alimentação adequada aos animais, aplicar remédios e vacinas e dar assistência veterinária.

Dependendo do animal que é criado, a pecuária recebe diferentes denominações.

A criação de bois e vacas tem o nome de **bovinocultura**. Esses animais nos fornecem carne, leite e couro.

A criação de porcos recebe o nome de **suinocultura**, e eles nos fornecem carne e couro.

A criação de cabras e bodes tem o nome de **caprinocultura**. Eles nos fornecem carne, leite e couro.

Ovinocultura é o nome da criação de ovelhas e carneiros. Lã e carne são fornecidas por esses animais.

A criação de aves (galinhas, galos, frangos, perus etc.) é a **avicultura**. Elas nos fornecem carne, ovos e, muitas vezes, penas, que são utilizadas na confecção de travesseiros e acolchoados.

▶ Bovinocultura. Tunápolis, Santa Catarina, 2015.

▶ Suinocultura. Paraopeba, Minas Gerais, 2014.

Há também criação de búfalos (bufalinos); de asno, mulas e jegues (asininos); e de cavalos e éguas (equinos).

A criação do bicho-da-seda é chamada de **sericicultura**. Esses animais produzem fios que são utilizados na confecção de tecidos.

Apicultura é o nome da criação de abelhas; elas nos fornecem o mel, que é um alimento, e outros produtos, como a cera e o própolis, utilizados na fabricação de medicamentos.

Além de ser encontrados livremente em rios, lagos e mares, os peixes podem ser criados em cativeiro. Essa atividade é denominada **piscicultura**.

▶ Piscicultura. Sorriso, Mato Grosso, 2014.

▶ Apicultura. Cornélio Procópio, Paraná, 2015.

Para ir mais longe

Site
▶ *Embrapa.* <http://ccw.sct.embrapa.br/>. *Site* da Empresa Brasileira de Pesquisa Agropecuária voltado ao público infantil.

Brincar e aprender

1 Circule, na imagem, os produtos originados da criação de bovinos. Depois complete o quadro a seguir.

Produtos originários da pecuária observados na imagem	Outros exemplos de produtos originários da pecuária

2 Destaque a página 175 e cole-a em uma cartolina. Espere secar e recorte as peças. Vire-as de cabeça para baixo, misture-as bem e brinque, sozinho ou com um colega, de **Jogo da Memória**, relacionando o nome da criação com o animal.

103

Baú de informações

O turismo rural é uma atividade em que as pessoas visitam o campo para entretenimento ou enriquecimento cultural.

Essa atividade valoriza o meio ambiente, as tradições locais e a prática da agricultura e da pecuária.

Por um lado, ao receber visitantes, o produtor rural aumenta sua fonte de renda. Por outro, moradores das cidades, ao visitar esses espaços, têm contato maior com a natureza.

Os turistas que visitam o campo podem participar das atividades diárias de uma fazenda, como ordenhar vacas, cavalgar, **tosquiar** ovelhas, além de pescar e percorrer trilhas.

Há alguns estabelecimentos que recebem muitos moradores das cidades: são os pesqueiros, locais em que se criam peixes para serem pescados e levados para casa, mediante pagamento.

Converse com os colegas.

Vocabulário

Tosquiar: atividade de cortar lã, pelo ou cabelo.

▶ Passeio a cavalo, atividade de turismo rural. Miranda, Mato Grosso do Sul, 2010.

1. Você e sua família praticam turismo rural? Por quê?

2. Pesquise se esse tipo de turismo é uma atividade praticada na área rural de seu município.

Para ir mais longe

Livro

▶ *Uma viagem inesquecível: vivendo o turismo rural*, de Paulo Cesar Prince Ribeiro. Mato Grosso: Tanta Tinta, 2007.

Mariana e Manolito ajudarão o pequeno leitor a vivenciar outra cultura por meio do turismo rural.

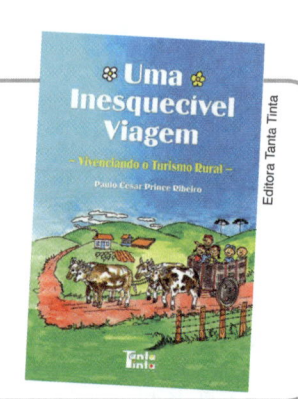

Atividades

1 O que é pecuária?

_____

_____

2 Agropecuária é o conjunto das atividades de agricultura (cultivo da terra) e pecuária (criação de animais). Os alimentos que consumimos vêm dessas atividades. Em alguns casos eles podem ser transformados nas indústrias.

a) Anote o nome de cinco alimentos naturais e cinco alimentos industrializados de que você mais gosta.

_____

_____

b) Qual foi a atividade agropecuária que deu origem a seus cinco alimentos naturais preferidos?

_____

_____

c) Qual foi a atividade agropecuária que deu origem aos produtos industrializados?

_____

3 Observe as imagens e anote no caderno o nome do tipo de pecuária e os produtos que cada um oferece.

▶ Casa Nova, Bahia, 2014.

▶ São Martinho da Serra, Rio Grande do Sul, 2014.

▶ Paraopeba, Minas Gerais, 2014.

Extrativismo

O extrativismo é a atividade de coletar produtos naturais de origem vegetal (madeira, frutos e folhas), mineral (petróleo, ouro, prata etc.) e animal (pesca, carne e couro).

Os recursos extraídos da natureza possibilitam fabricar diversos produtos, desde um simples lápis até computadores e nossa moradia.

O extrativismo animal é a forma mais antiga de atividade praticada pelo ser humano, e é constituído da caça e da pesca.

Os primeiros seres humanos usavam a carne como alimento, o couro dos animais para fazer roupas e habitações, e os ossos dos animais e as espinhas de peixes para fazer **adornos** e armas.

O extrativismo vegetal é praticado principalmente nas áreas de florestas e tem como principais produtos a madeira, os frutos, as raízes e o látex.

Essa atividade fornece recursos naturais destinados à venda e à indústria.

O extrativismo mineral fornece produtos que sofrem transformações nas indústrias, como o ouro, a areia, o sal e o petróleo.

Vocabulário

Adorno: objeto que serve para enfeitar, embelezar.

▶ Extração vegetal para produção de madeira. Paragominas, Pará, 2014.

▶ Extração de minério de ferro. Itabira, Minas Gerais, 2014.

Valores e vivências

O extrativismo é uma atividade exercida intensamente pelos povos da floresta. Essas pessoas dependem dos recursos naturais disponíveis a seu redor para garantir sua sobrevivência. As práticas dos povos da floresta são transmitidas de geração a geração. Nas fotografias a seguir há dois exemplos de extrativismo praticado pelos povos da floresta. A semente do cupuaçu é utilizada pela indústria de cosméticos, e a polpa é usada para fazer sucos e sorvetes, por exemplo. O látex, extraído principalmente da seringueira, é usado pela indústria para produzir borracha.

▶ Cupuaçu, fruta típica da Floresta Amazônica. Alter do Chão, Santarém, Pará, 2013.

▶ Extração de látex de seringueira. Neves Paulista, São Paulo, 2014.

1. Com os colegas, faça uma pesquisa sobre os povos da floresta e descubra outros produtos que eles extraem sem prejudicar a natureza. Em sua opinião, a cultura desses povos precisa ser preservada?

Atividades

1. Marque um X no produto cuja matéria-prima é originária do extrativismo.

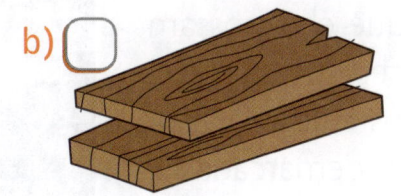

a) macarrão

b) tábuas de madeira

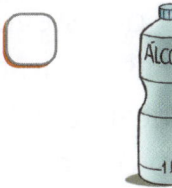

c) álcool

2. Escreva a seguir qual é a origem dos produtos do extrativismo.

a) Peixe: _____

b) Madeira: _____

c) Petróleo: _____

107

Um pouco mais sobre...

Para que os povos indígenas possam garantir seu sustento e produzir alimento é importante a demarcação das terras indígenas.

O que são Terras Indígenas

A Constituição de 1988 consagrou o princípio de que os índios são os primeiros e naturais senhores da terra. Esta é a fonte primária de seu direito, que é anterior a qualquer outro. Consequentemente, o direito dos índios a uma terra determinada independe de reconhecimento formal.

A definição de terras tradicionalmente ocupadas pelos índios encontra-se no parágrafo primeiro do artigo 231 da Constituição Federal: são aquelas "por eles habitadas em caráter permanente, as utilizadas para suas atividades produtivas, as imprescindíveis à preservação dos recursos ambientais necessários a seu bem-estar [...], segundo seus usos, costumes e tradições".

ISA – Instituto Socioambiental. O que são terras indígenas. *Povos indígenas no Brasil*. Disponível em: <http://pib.socioambiental.org/pt/c/terras-indigenas/introducao/o-que-sao-terras-indigenas>. Acesso em: jul. 2015.

O objetivo da demarcação é garantir o direito dos povos indígenas à terra. É um meio de assegurar que eles possam viver nessas terras, tirar seu sustento delas e praticar seus hábitos culturais. Essa medida protege as áreas demarcadas e impede a ocupação por outras pessoas, sobretudo não indígenas.

1 Converse com os colegas e o professor a respeito dos temas a seguir.

a) O que são terras indígenas.

b) Importância da demarcação das terras indígenas.

▶ Crianças em terra indígena Kayapó. São Félix do Xingu, Pará, 2015.

Revendo o que você aprendeu

1 Relacione as palavras do quadro às sentenças.

> extrativismo   agricultura   pecuária

a) A atividade de plantar e colher: _____.

b) Atividade de retirar da natureza produtos que ela oferece: _____.

c) Atividade de criar animais para a produção de alimentos, transporte e também para o fornecimento de matéria-prima às indústrias: _____.

2 Observe as ilustrações e responda às questões.

a) Que atividade econômica está representada nas imagens?
_____

b) Qual é a diferença entre o sistema de agricultura utilizado nas ilustrações? Explique.
_____
_____
_____
_____

3 Complete o diagrama de palavras com o nome dado às criações.
a) Criação de abelhas.
b) Criação de aves.
c) Criação de bois e vacas.
d) Criação de porcos.
e) Criação de bichos-da-seda.
f) Criação de peixes.

4 Em relação ao extrativismo, pinte os quadros com as frases corretas.
a) Na atividade extrativista o ser humano planta os produtos de que necessita.
b) A pesca em alto-mar é um exemplo de extrativismo animal.
c) O ouro e a prata são exemplos de produtos do extrativismo mineral.
d) A castanha-do-pará é um produto do extrativismo vegetal.
e) O extrativismo pode ser vegetal, mineral ou animal.
f) Extrativismo é a atividade de retirar da natureza produtos que ela nos fornece.

CAPÍTULO 6
Modernização e problemas no campo

Diálogo inicial

▶ Gerardo Dottori. *Agricultura*, 1934. Óleo sobre tela.

Responda às questões oralmente.

1. A modernização, apesar de parecer relacionada às cidades, também revolucionou o campo. Observando a imagem, quais mudanças você pode perceber?

2. Essas mudanças melhoram ou prejudicam a vida no campo?

Modernização no campo

A agricultura e a pecuária passaram por transformações para que se tornassem mais produtivas.

As inovações tecnológicas, desenvolvidas por indústrias e centros de pesquisa, foram aplicadas nas atividades do campo e possibilitaram o aumento da produtividade. Essas inovações englobam a fabricação de máquinas, a melhoria das sementes e dos **adubos** (adubação), técnicas de **irrigação**, **drenagem**, vacinação do gado e novas técnicas de produção.

> **Vocabulário**
>
> **Adubo:** produto adicionado ao solo para enriquecê-lo com nutrientes.
>
> **Drenagem:** processo que facilita o escoamento da água, retirando seu excesso.
>
> **Irrigação:** maneira de umedecer a terra usando recursos artificiais.

▶ Vacinação do gado. As vacinas protegem o gado de muitas doenças. Bom Jesus da Serra, Bahia, 2011.

▶ Com a irrigação mecânica é possível cultivar áreas com pouca chuva ou com chuvas irregulares. São Gonçalo do Abaeté, Minas Gerais, 2014.

Se, por um lado, o uso de máquinas e de técnicas de cultivo mais modernas aumentou a produção agrícola, por outro lado, tirou trabalho dos agricultores, pois, com esses equipamentos, menos mão de obra é necessária.

Entretanto, não são todos os produtores rurais que têm acesso a técnicas mais modernas. Em geral, só os grandes proprietários ou as grandes empresas rurais podem pagar por esses avanços. Portanto, a modernização agropecuária não ocorre em todo o campo, ela é distribuída de forma desigual.

▶ Irrigação por sistema de aspersão em lavoura de mandioca. Petrolina, Pernambuco, 2014.

▶ Horta de milho sem sistema de irrigação. Custódia, Pernambuco, 2013.

Na pecuária, para tornar o rebanho mais produtivo, aplicam-se vacinas e o gado é alimentado com ração enriquecida, entre outras medidas.

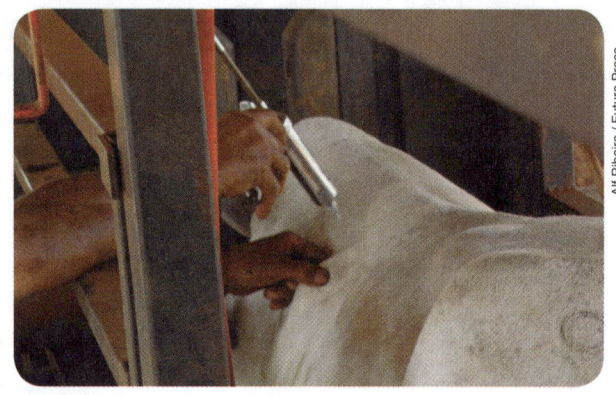

▶ Vacinação de gado contra a febre aftosa. Londrina, Paraná, 2011.

Baú de informações

O campo nunca mais foi o mesmo desde que o homem começou a inventar máquinas que o auxiliassem no trabalho com a terra. [...]

Sem a mecanização, **tratores**, máquinas agrícolas etc., as atuais produções em grande escala seriam virtualmente impossíveis, pois com o trabalho manual, mesmo com grande quantidade de mão de obra, a qualidade e a quantidade da produção agrícola estariam definitivamente comprometidas.

Mas o que faz, exatamente, a mecanização? Ela ajuda o produtor agrícola a preparar o solo para a plantação, fazer a manutenção das lavouras, transforma o processo de plantio e colheita em operações rápidas e eficientes, sem falar em uma dezena de outras aplicações.

Arados, **colheitadeiras** e tratores, entre outros, são as grandes ferramentas de trabalho da agricultura moderna. Aliás, o trator é o símbolo da mecanização na agricultura. [...]

A mecanização do campo. RuralNews, 14 maio 2015. Disponível em: <www.ruralnews.com.br/visualiza.php?id=52>. Acesso em: jul. 2015.

▶ Trator prepara terra para plantio. Derrubadas, Rio Grande do Sul, 2015.

▶ Colheitadeira em plantação de milho. Chapadão do Sul, Mato Grosso do Sul, 2014.

Questões ambientais

Na atividade extrativa mineral, são empregados equipamentos modernos, o que aumenta a produção de minérios do país.

As escavadeiras são exemplos desses maquinários.

▶ Caminhão e escavadeira utilizados para aumentar a extração de bauxita, um minério muito utilizado na produção de alumínio. Oriximiná, Pará, 2013.

No entanto, o uso desses equipamentos causa impactos ambientais negativos, como a retirada da cobertura vegetal e o aumento da erosão e da poluição dos rios, do solo e sonora (por causa do barulho das máquinas).

▶ Erosão causada pela remoção da cobertura vegetal e superficial do solo. Cacequi, Rio Grande do Sul, 2015.

Outro aspecto negativo decorrente da modernização da mineração é que famílias são obrigadas a sair da área que será explorada e mudar-se para outro local. Além disso, o ambiente de trabalho nas minas é, muitas vezes, inadequado à saúde humana, pois os trabalhadores têm contato com o pó dos minérios e com a poeira dos resíduos, muitos deles tóxicos. Assim, eles desenvolvem problemas respiratórios, como asma e bronquite.

Brincar e aprender

1 Descubra qual sombra corresponde à cena de um agricultor com sua máquina agrícola.

Atividades

1 Responda às questões.

a) O que é a modernização no campo e o que ela possibilitou aos produtores rurais?

_____

_____

_____

b) A modernização é acessível igualmente a todos os trabalhadores do campo? Explique.

_____

_____

_____

c) Na área rural de seu município ocorreu modernização?

_____

_____

2 Escreva o nome da técnica descrita em cada sentença. Utilize as palavras do quadro como apoio.

| adubação | drenagem | irrigação |

a) Técnica usada quando o solo é muito encharcado.

_____

b) Técnica usada para tornar o solo mais fértil.

_____

c) Técnica usada quando falta água no solo, para que o agricultor realize o plantio.

_____

3 Leia o texto e responda às questões.

Agronegócio reduz emprego no campo

Em pouco mais de três décadas, a agricultura paulista perdeu quase 700 mil postos de trabalho. Em 1971, havia 1,72 milhão de trabalhadores no setor. [...] A maior eliminação de postos de trabalho ocorreu na década de 1990, quando o **BNDES** (Banco Nacional de Desenvolvimento Econômico e Social) estimulou a compra de maquinário entre os produtores rurais. O número de máquinas agrícolas praticamente triplicou em São Paulo, de 1970 a 2000, assim como a porcentagem de propriedades rurais que utilizavam tratores, que passou de 14% para 42% do total. [...]

Como reflexo desse processo, no caso do algodão e do feijão, em 2004, mais da metade da colheita era mecanizada. Nesse ano, nos canaviais de regiões como Ribeirão Preto, a mecanização já chegava a 70% da área plantada. "A colheitadeira de cana substitui o trabalho de 80 a 120 pessoas", observa o pesquisador.

Julio Zanella. *Jornal Unesp*, ano XXII, n. 234, jun. 2008.
Disponível em: <www.unesp.br/aci/jornal/234/campo.php>. Acesso em: jul. 2015.

> **Vocabulário**
>
> **BNDES:** empresa do governo federal que apoia as atividades de agricultura, indústria, comércio e serviços, oferecendo condições especiais para empresas. O banco também fornece programas de investimentos nas áreas de educação, saúde, agricultura familiar, saneamento básico e transporte urbano.

a) O texto aborda um problema que ocorreu nas áreas rurais do estado de São Paulo, mas que acontece em muitos locais do Brasil. Que problema é esse?

_____

b) Pesquise se aconteceu o mesmo problema na área rural de seu município e anote os resultados no caderno.

◈ Problemas ambientais no espaço do campo

As atividades desenvolvidas no espaço rural são muito importantes para os seres humanos. Elas possibilitam obter alimentação e produtos necessários à sobrevivência das pessoas e para uso da indústria. Entretanto, se praticadas de forma inadequada, causam prejuízos ao meio ambiente. Queimadas, poluição, contaminação pelo uso de **agrotóxicos** nas plantações e de produtos químicos na extração de minerais, bem como desmatamento, são alguns desses problemas.

O uso de adubos químicos e agrotóxicos para matar pragas que atacam as plantações pode envenenar o solo, as águas, os animais e o próprio ser humano.

Vocabulário

Agrotóxico: substância química utilizada na agricultura para combater pragas e insetos, facilitando o crescimento e o desenvolvimento das plantações.

▶ Trator aplica agrotóxico em plantação. Os agrotóxicos evitam que pragas ataquem as plantas, mas podem poluir o solo, a água e o ar. Cascavel, Paraná, 2013.

Dependendo do minério retirado da natureza, a atividade extrativa causa importantes alterações negativas no meio ambiente, como desmatamento, buracos no solo e poluição da água dos rios. Um exemplo é o caso da exploração do ouro: o ambiente é degradado por causa do mercúrio usado para separar o ouro nos garimpos.

A derrubada de árvores afeta o meio ambiente fazendo desaparecer muitas plantas nativas e destruindo o hábitat de grande número de espécies animais. Além disso, o solo fica desprotegido e sujeito a um processo mais intenso de erosão.

O desmatamento é feito, geralmente, para aumentar as áreas de plantio e de criação de animais.

As queimadas (queima de vegetação) são realizadas por alguns agricultores para limpar o terreno para o plantio ou a atividade pecuária. No longo prazo, além de poluir o ar, essa prática extrai completamente alguns nutrientes do solo, tornando-o pobre.

Além disso, o plantio constante de um único tipo de planta pode empobrecer o solo e favorecer o surgimento de algumas pragas que atacam a plantação, exigindo a aplicação de mais agrotóxicos. O ideal é promover uma alternância na lavoura praticando a rotação de culturas e também a policultura, isto é, o plantio de diferentes produtos na mesma área.

▶ Trator prepara área desmatada na Floresta Amazônica para a agricultura. Uruará, Pará, 2013.

▶ Na prática de rotação de culturas, uma área é cultivada enquanto outras repousam, o que torna possível a recuperação do solo. Frederico Westphalen, Rio Grande do Sul, 2015.

Para ir mais longe

Livros

▶ *De onde vem a minha comida?*, de Ronne Randall. São Paulo: Melhoramentos, 2005.

O livro esclarece as principais dúvidas do pequeno leitor sobre a origem dos alimentos.

▶ *Vaguinho contra o desmatamento*, de Vinicius Dônola e Roberta Salomone. São Paulo: Globo, 2009.

O aluno se envolverá na história da escola Oco do Toco, em que os alunos vão em busca de ajuda para preservar as árvores da floresta e salvar a escola.

Valores e vivências

Algumas substâncias tóxicas ficam nos produtos agrícolas que foram tratados com agrotóxicos. Essas substâncias fazem mal à saúde das pessoas.

Por isso, veja algumas dicas para uma alimentação saudável:

- diversifique o consumo de frutas e hortaliças para reduzir as possibilidades de exposição ao mesmo tipo de agrotóxico e dê preferência às frutas da época;
- antes de consumi-las ou prepará-las, lave as frutas e verduras com esponja em água corrente e coloque-as de molho no vinagre ou em produtos específicos para colocar na água, vendidos em supermercados;
- tire as folhas externas das verduras, pois concentram mais agrotóxicos.

Brasil: amostras de alimentos com resíduos de agrotóxicos (2012)

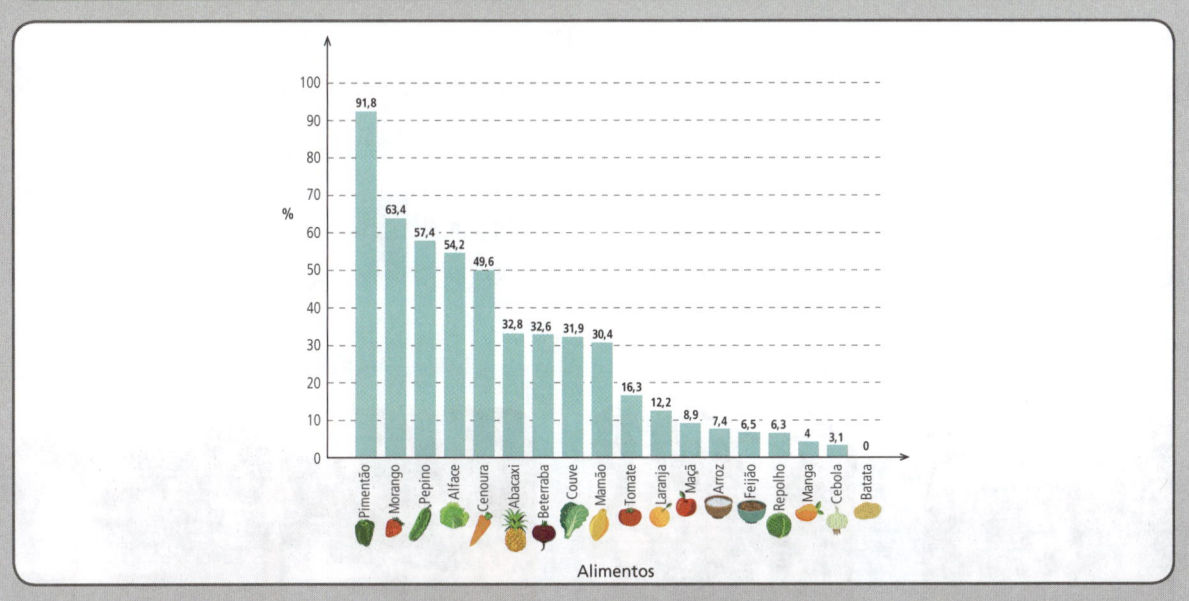

Alimento	%
Pimentão	91,8
Morango	63,4
Pepino	57,4
Alface	54,2
Cenoura	49,6
Abacaxi	32,8
Beterraba	32,6
Couve	31,9
Mamão	30,4
Tomate	16,3
Laranja	12,2
Maçã	8,9
Arroz	7,4
Feijão	6,5
Repolho	6,3
Manga	4
Cebola	3,1
Batata	0

Fonte: ANVISA. Disponível em: <http://portal.anvisa.gov.br/wps/content/Anvisa+Portal/Anvisa/Inicio/Agrotoxicos+e+Toxicologia/Assuntos+de+Interesse/Programa+de+Analise+de+Residuos+de+Agrotoxicos+em+Alimentos>. Acesso em: jun. 2015.

1 Responda oralmente.

a) Em sua moradia, as frutas e verduras ficam de molho antes de serem consumidas? Aplica-se vinagre ou outra substância?

b) Você e seus familiares costumam diversificar o consumo de frutas e hortaliças para reduzir as possibilidades de exposição a um mesmo tipo de agrotóxico?

Baú de informações

Uma alternativa de cultivo que tem aumentado no Brasil é a agricultura orgânica. Leia o texto a seguir.

[...] Agricultura orgânica é uma forma natural de produzir verduras, frutas e outros alimentos sem o uso de agrotóxicos, adubos químicos, sementes **transgênicas**, antibióticos e outros produtos químicos prejudiciais a nossa saúde. As práticas utilizadas nas propriedades orgânicas apontam para um convívio inteligente com a natureza: o solo é tratado como um organismo vivo; as pragas e as doenças são controladas com produtos naturais, sem veneno; as ervas daninhas da horta são arrancadas e são consideradas amigas das outras plantas; os animais não podem ficar presos o tempo todo e devem ter um espaço suficiente para brincar. A alimentação dos animais é toda natural, sem venenos e adubos químicos e eles são tratados apenas com remédios naturais. A agricultura orgânica não emprega mão de obra infantil e os trabalhadores de uma fazenda orgânica recebem tratamento digno e acesso a benefícios sociais. [...]

> **Vocabulário**
>
> **Transgênico:** que foi modificado geneticamente, alterado em laboratório.

Moacir Darolt. Agroecologia. *Via Orgânica*. Disponível em: <www.viaorganica.com.br/agroecol.htm>. Acesso em: jul. 2015.

▶ Controle ecológico de pragas por meio de armadilha em estufa. Guatambu, Santa Catarina, 2015.

▶ Selo de produto orgânico.

1 Responda oralmente: Em sua moradia, você e seus familiares consomem produtos orgânicos? Quais? Onde vocês os compram? Com que frequência vocês os consomem?

Atividades

1 Complete os quadros indicando por que é realizada a atividade e quais são os prejuízos que ela traz ao ambiente.

a) queimada

Por que é realizada	Prejuízos

b) desmatamento

Por que é realizada	Prejuízos

c) uso de agrotóxico

Por que é realizada	Prejuízos

2 Cite dois efeitos negativos da monocultura no meio ambiente.

___

3 Escreva **V** se a informação for verdadeira ou **F** se for falsa.

a) ( ) Devemos lavar sempre os alimentos com água corrente.

b) ( ) O uso de agrotóxicos não faz mal à saúde.

c) ( ) Uma das formas de evitar a contaminação por agrotóxicos é diversificar o consumo de frutas e hortaliças para reduzir as possibilidades de exposição a um mesmo tipo de agrotóxico.

d) ( ) Na agricultura orgânica não são usados agrotóxicos.

Revendo o que você aprendeu

1 Observe as imagens e escreva um texto relacionando-as com a modernização do campo.

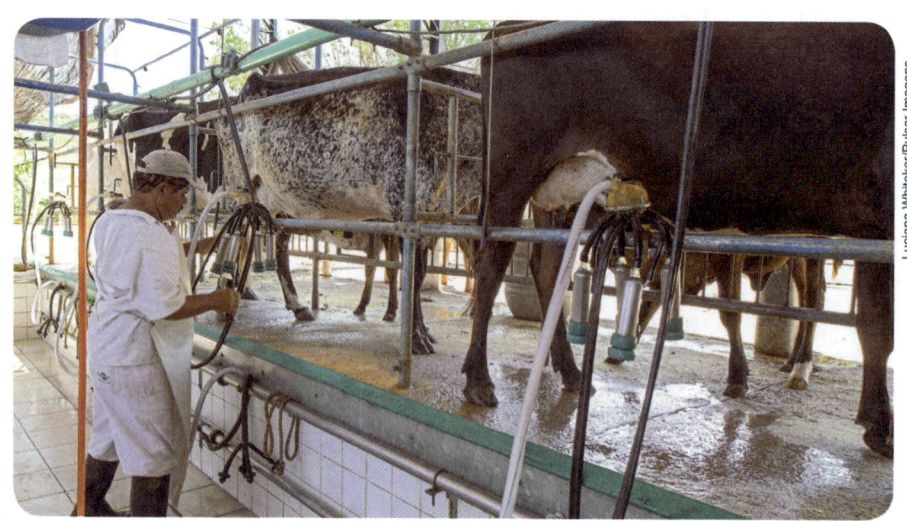

▶ Ordenha mecanizada. Valença, Rio de Janeiro, 2014.

▶ Colheita mecanizada em plantação de soja. Santa Maria, Rio Grande do Sul, 2013.

_____
_____
_____
_____
_____
_____

2 Infelizmente muitos agricultores fazem uso da técnica da queimada para limpar os terrenos. Pense em uma campanha para conscientizar os produtores rurais a não fazer queimadas em suas terras. Fale sobre os problemas que essa atividade causa e pesquise outras formas de limpar o terreno que podem ser utilizadas.

3 Observe o mapa e responda às questões no caderno

Brasil: produção agropecuária (2010-2011)

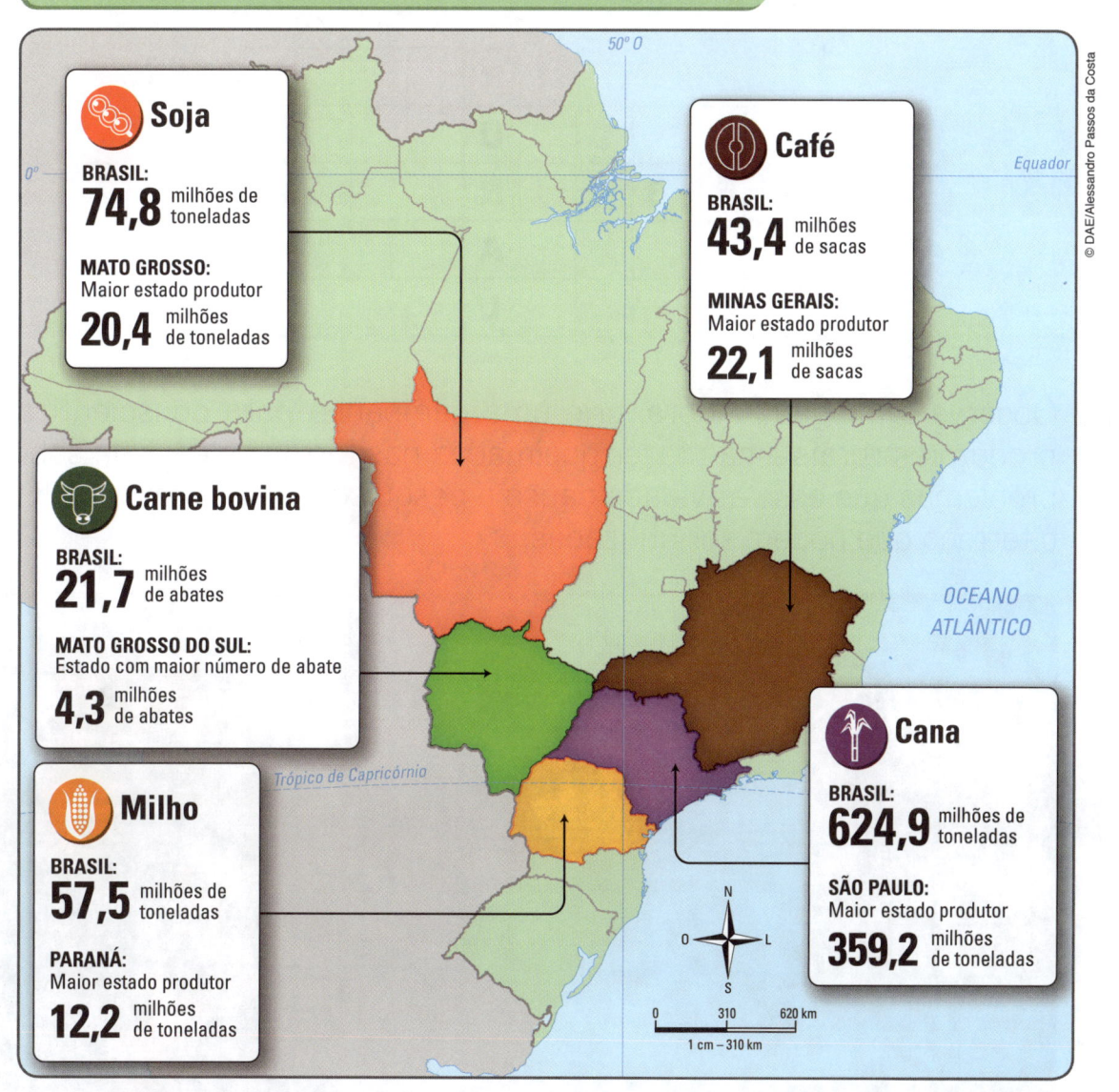

Soja
BRASIL: 74,8 milhões de toneladas
MATO GROSSO: Maior estado produtor
20,4 milhões de toneladas

Café
BRASIL: 43,4 milhões de sacas
MINAS GERAIS: Maior estado produtor
22,1 milhões de sacas

Carne bovina
BRASIL: 21,7 milhões de abates
MATO GROSSO DO SUL: Estado com maior número de abate
4,3 milhões de abates

Milho
BRASIL: 57,5 milhões de toneladas
PARANÁ: Maior estado produtor
12,2 milhões de toneladas

Cana
BRASIL: 624,9 milhões de toneladas
SÃO PAULO: Maior estado produtor
359,2 milhões de toneladas

0   310   620 km
1 cm – 310 km

Fonte: *Portal Brasil*. Disponível em: <www.brasil.gov.br/sobre/economia/setores-da-economia/agronegocio>. Acesso em: ago. 2015.

a) Qual foi o produto que obteve a maior safra da produção 2010-2011? Qual foi o volume?

b) E a menor safra agrícola nesse mesmo período? Qual foi o volume?

4 Complete o diagrama de palavras.

1. Opção de alimentação para o gado quando ele é criado confinado.
2. Nome dado ao cultivo de um único produto.
3. Substância química utilizada na agricultura para combater pragas e insetos.
4. Tipo de agricultura que não utiliza adubos e fertilizantes químicos.
5. Cultivo de muitos produtos agrícolas em uma mesma área.

```
1  R
   U
2  ___U___
      R
3  _____R___
4  ___A___
5  ___L___
```

5 Observe a imagem. Agora, crie uma campanha para conscientizar os produtores rurais a não fazer queimadas nas terras deles. Fale sobre os problemas que essa atividade causa e pesquise outras formas de limpar o terreno que podem ser utilizadas.

▶ Incêndio na Mata Atlântica. Petrópolis, Rio de Janeiro, 2014.

CAPÍTULO 7
As relações entre o campo e a cidade

Diálogo inicial

Converse com o professor e os colegas.

1. Que tipos de paisagem estão representados nessa ilustração?
2. Há alguma ligação entre essas paisagens?
3. Que outros elementos podem interligar esses espaços?

Campo e cidade

Campo e cidade têm paisagens e atividades próprias e, muitas vezes, diferentes. Entretanto, são espaços que se complementam e se inter-relacionam, com troca de produtos e circulação de pessoas entre ambos.

Em geral, o campo fornece matérias-primas e alimentos aos moradores das cidades e às pessoas do próprio campo; e a cidade fornece ao campo produtos da indústria (roupas, alimentos industrializados, eletrodomésticos etc.) e dispõe de prestação de serviços. Portanto, há grande movimentação de pessoas, mercadorias e serviços entre o campo e a cidade, que se completam e se inter-relacionam.

É bom lembrar, porém, que, no campo, também há indústrias (agroindústrias), além de comércio e serviços, embora em menor escala que nas cidades.

▶ Caminhões transportam soja dos silos de armazenamento do campo para a cidade. Cambé, Paraná, 2015.

▶ Serviço de saúde pública na zona rural. Sobral, Ceará, 2013.

O modo de vida no campo e na cidade também está inter-relacionado, porque o campo tem apresentado elementos e estilos de vida comuns aos das cidades.

Algumas profissões que antes só havia nas cidades agora são encontradas no campo. O inverso também é verdadeiro. Da mesma forma que algumas pessoas se deslocam do campo para viver na cidade, outras buscam oportunidades de trabalho nas áreas rurais. Esses trabalhadores podem continuar residindo na cidade, mas trabalhar em áreas rurais, ou fixar residência no campo.

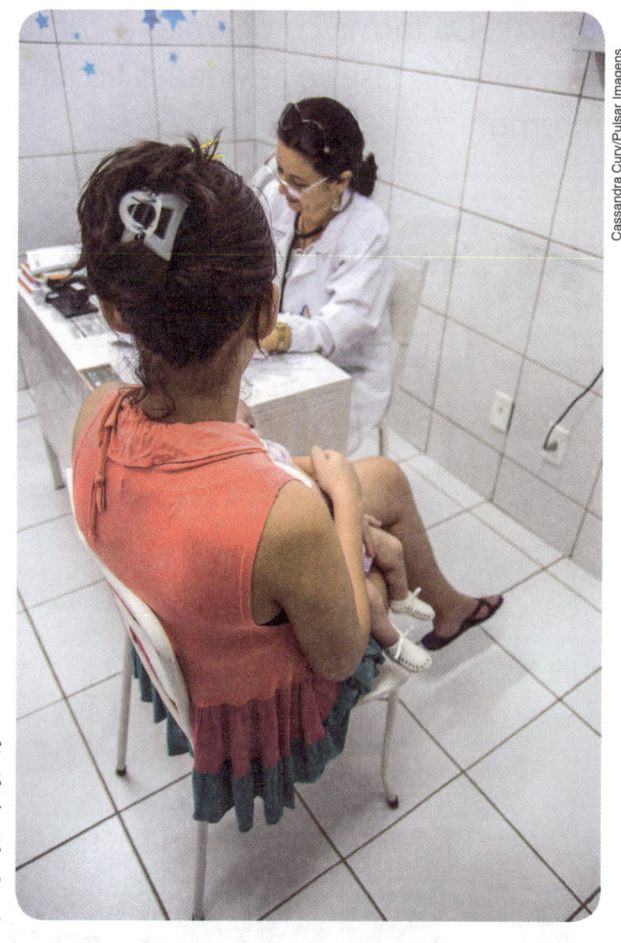

▶ Estudantes, médicos e agentes de saúde deslocam-se para áreas distantes das cidades com o objetivo de atender populações que não têm acesso a esses serviços no lugar onde moram. Acari, Rio Grande do Norte, 2014.

▶ Engenheiro agrônomo em plantação de cana-de-açúcar. Pirassununga, São Paulo, 2015.

◈ Um exemplo de relação campo-cidade

Vamos ver um exemplo de como campo e cidade relacionam-se? Imagine um iogurte. Da forma como você o compra no supermercado, nem parece que ele tem diversas fases e atividades econômicas envolvidas em sua produção, não é mesmo?

O pote plástico do iogurte é produzido por meio da extração (extrativismo) e da transformação (indústria) de petróleo em plástico. O iogurte vem do processamento (indústria) do leite, obtido com a criação de gado (pecuária). Esse iogurte é vendido nos supermercados (comércio) e distribuído por meio de caminhões (serviços) que foram produzidos em indústrias com materiais obtidos do extrativismo. Os caminhões andam com combustível extraído do petróleo (extrativismo) e processado em diesel (indústria). E essas relações não param por aí.

Existem muitas marcas de iogurte. Para vendê-las é preciso investir em propaganda. Os publicitários (serviços) escolhem os meios de comunicação para divulgação. Se for um meio impresso, necessitará de papel (extrativismo) e assim por diante.

Baú de informações

As hortas urbanas também são um exemplo da ligação entre as atividades rurais e urbanas.

Os habitantes de áreas urbanas, em determinados lugares da cidade, cada vez mais procuram cultivar e produzir os próprios alimentos diariamente e, assim, ajudam a diminuir as despesas e complementam a renda da família, além de obterem alimentos livres de agrotóxicos. Em alguns locais distantes do centro da cidade, nas chamadas áreas periféricas, vários tipos de animais também têm sido criados para fornecer alimento à comunidade local.

No Brasil, a agricultura urbana é feita mediante a produção de alimentos de forma comunitária, com instalação de hortas, lavouras, pomares, canteiros de ervas medicinais, áreas de criação de pequenos animais, entre outros. Os alimentos produzidos são consumidos pelos próprios moradores e abastecem restaurantes e cozinhas comunitárias. O que sobra dessa produção é vendido no mercado local.

A agricultura urbana não pode competir com a agricultura rural (praticada no campo), e sim ser complementar a ela. Deve ser desenvolvida nos casos em que possa oferecer benefícios e vantagens, como produzir alimentos frescos e prover recursos financeiros, além de melhorar a qualidade da alimentação.

▶ Horta orgânica comunitária em área urbana. São Paulo, São Paulo, 2013.

▶ Horta orgânica comunitária em condomínio. Fortaleza, Ceará, 2012.

Valores e vivências

Leia os quadrinhos e converse com os colegas e o professor a respeito dos hábitos saudáveis quanto aos alimentos.

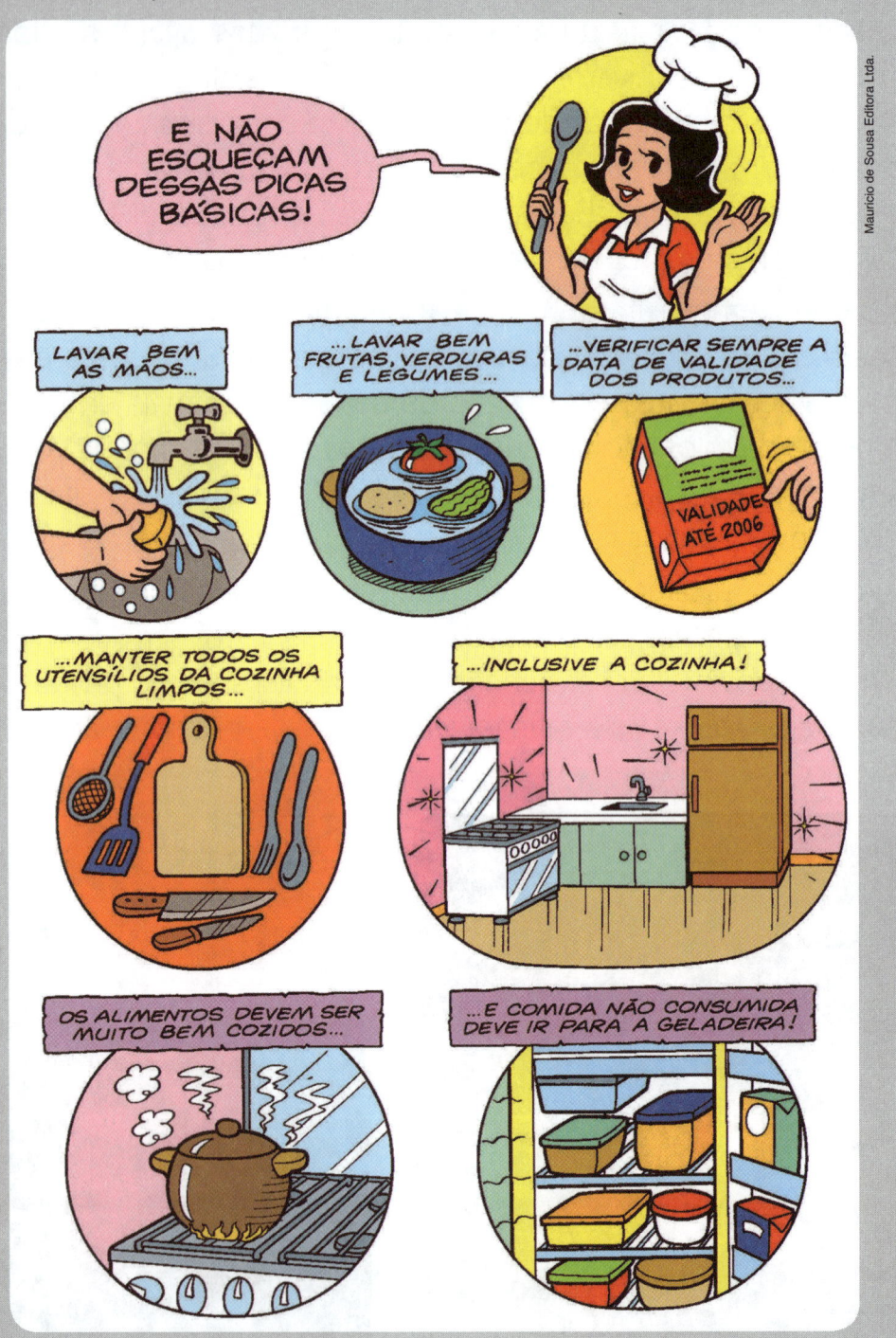

E NÃO ESQUEÇAM DESSAS DICAS BÁSICAS!

LAVAR BEM AS MÃOS...

...LAVAR BEM FRUTAS, VERDURAS E LEGUMES...

...VERIFICAR SEMPRE A DATA DE VALIDADE DOS PRODUTOS...

...MANTER TODOS OS UTENSÍLIOS DA COZINHA LIMPOS...

...INCLUSIVE A COZINHA!

OS ALIMENTOS DEVEM SER MUITO BEM COZIDOS...

...E COMIDA NÃO CONSUMIDA DEVE IR PARA A GELADEIRA!

Maurício de Sousa Editora Ltda.

Escreva no caderno algumas atitudes que você considera importantes adotar para ter uma alimentação mais saudável.

Brincar e aprender

1) Quatro caminhoneiros levam diferentes produtos do campo para a cidade.

Siga o caminho, anote as letras e descubra o nome do produto que cada um está transportando. Atenção: as letras estão fora de ordem.

a)

b)

c)

d)

a) _____
b) _____
c) _____
d) _____

2) Destaque a página 173. Cole-a em uma cartolina, espere secar e recorte as peças. Depois, monte o **Quebra-cabeça** com uma paisagem do espaço rural.

Atividades

1 Responda às questões.

a) Por que existe grande movimentação de mercadorias entre o campo e a cidade?

_____
_____
_____

b) Dê exemplos de como o campo e a cidade se relacionam.

_____
_____
_____
_____

2 De acordo com as ilustrações, o que as pessoas da cidade costumam fazer no campo?

_____
_____

3 Escolha um produto que você usa no dia a dia. Mostre, por meio de um esquema no caderno, como se estabelecem as relações campo-cidade tomando por base o modelo descrito na página 130.

4 Numere as figuras a seguir indicando a ordem dos acontecimentos, desde a produção até a comercialização do lápis.

Agroindústria

Você já ouviu falar em agroindústria? Ela também é um exemplo da relação entre campo e cidade no que diz respeito ao modo de produção.

A agroindústria combina as atividades da agropecuária com as atividades industriais. É o caso das indústrias de suco de laranja: elas têm fazendas próprias, de onde se colhem as laranjas que serão utilizadas na agroindústria, para fabricar o suco de laranja final; ou o caso da agroindústria da cana-de-açúcar: as usinas de açúcar e álcool, instaladas ao lado de canaviais, transformam a cana em açúcar ou álcool.

Há mais exemplos, como as indústrias que fabricam fertilizantes, ferramentas e outros produtos para ser utilizados no campo.

▶ Caminhão recebe laranjas após a colheita. As laranjas são transportadas até uma agroindústria, onde é extraído seu suco. Taquaritinga, São Paulo, 2014.

▶ Agroindústria de suco de laranja. Uraí, Paraná, 2014.

Atividades

1 O que é agroindústria?

_____

_____

2 Existem agroindústrias em seu município? O que elas fabricam?

_____

_____

3 Observe a imagem e responda à questão.

- Os vegetais ilustrados podem ser utilizados como matéria-prima pela indústria? Justifique.

_____

_____

4 Circule os produtos que são originários da agroindústria.

doce de leite   carro   goiabada   presilha para o cabelo
etanol   gasolina   linguiça

Migração campo-cidade

O campo e a cidade não trocam apenas mercadorias. Há também movimentação de pessoas entre esses dois espaços.

Você estudou que, nos últimos anos, ocorreu aumento no número de máquinas no campo. Uma colheitadeira, por exemplo, pode fazer o trabalho de várias pessoas. À medida que o meio rural se moderniza, muitos trabalhadores perdem o emprego e, como alternativa, deslocam-se para as cidades em busca de novas oportunidades. Esse fenômeno é conhecido como **migração campo-cidade.**

Uma intensa migração de pessoas do meio rural para o urbano ocorreu nas décadas de 1970 e 1980. Foi o **êxodo rural**, fenômeno que teve início com a mecanização da agricultura, a partir de 1970.

Além da mecanização no campo, outros fatores podem levar o trabalhador rural a abandonar a zona rural, como a falta de condições financeiras e de terra para o plantio. Ao chegar às cidades, muitos desses migrantes enfrentam situações difíceis, por exemplo, a falta de emprego e de moradia adequada.

Para ir mais longe

Livro

▶ *Uma viagem para o campo*, de Leonardo Chianca e Rosaly Braga Chianca. São Paulo: Ática, 1997.

Por meio da vida da família Sousa, você conhecerá características da zona rural e o trabalho no campo, entre outros temas.

Filme

▶ *O menino e o mundo*. Direção de Alê Abreu. Brasil: Filme de Papel, 2014.

Um menino deixa sua aldeia e descobre um mundo fantástico dominado por máquinas-bichos e estranhos seres. Animação com várias técnicas artísticas que retrata as questões do mundo moderno por meio do olhar de uma criança.

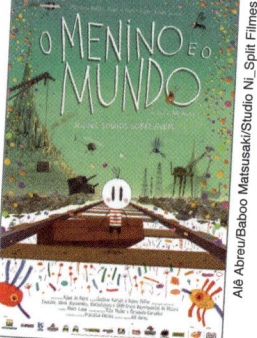

Atividades

1 O que é êxodo rural?

_____

_____

_____

_____

2 Complete as frases.

a) A modernização no campo ocorreu devido à introdução de _____ agrícolas que substituíram a mão de obra de muitos trabalhadores.

b) Outra causa do êxodo rural é o fato de muitos trabalhadores não terem _____ para plantar.

3 Leia os versos na letra de canção a seguir.

> [...]
> Nosso sítio que era pequeno
> Pelas grandes fazendas cercado
> Precisamos vender a propriedade
> Para um grande criador de gado
> E partimos pra cidade grande [...]
>
> Valdemar Reis e Vicente P. Machado. Meu reino encantado. In: Daniel. *Meu reino encantado*. Daniel. Chantecler; Warner Music, 2000. 1 CD. Faixa 1.

- A letra da canção faz referência ao êxodo rural? Justifique.

_____

_____

_____

_____

Revendo o que você aprendeu

1 Escolha um dos produtos abaixo e, com base no que você estudou, escreva um texto sobre as relações entre campo e cidade envolvidas em seu processo de elaboração.

_____
_____
_____
_____
_____
_____

2 Escreva **V** (verdadeiro) ou **F** (falso) nas frases a seguir.

a) ( ) Mesmo com a modernização do campo, muitos trabalhadores rurais permanecem trabalhando nele.

b) ( ) O êxodo rural teve início com a mecanização da agricultura, a partir de 1970.

c) ( ) Nos dias atuais, o deslocamento do campo para as cidades aumentou.

d) ( ) A mecanização no campo é o único fator que leva o trabalhador rural a abandonar o campo.

e) ( ) Ao chegar às cidades, a maioria dos migrantes enfrenta situações difíceis, como a falta de emprego e de acesso à moradia adequada.

3 Encontre no diagrama de palavras o nome das vias de transporte. Depois complete o quadro.

W	I	O	P	L	H	A	E	B	V	D	S
L	U	V	D	S	I	Ç	X	Z	Q	P	L
D	R	I	R	E	D	K	O	T	F	A	D
F	O	P	X	T	R	A	T	O	E	R	U
E	B	V	A	L	O	F	Y	T	R	Z	O
A	I	G	H	T	V	R	C	B	R	I	T
J	U	R	B	C	I	O	B	D	O	U	P
B	D	O	G	T	A	E	R	O	V	I	A
P	L	Q	U	I	T	N	X	L	I	H	R
O	L	J	O	F	T	Z	B	V	A	J	L
T	R	O	D	O	V	I	A	R	H	L	Q

Via de transporte	Exemplos de meios de transportes

141

CAPÍTULO 8
O espaço do município

Diálogo inicial

Observe os mapas:

Brasil: Político

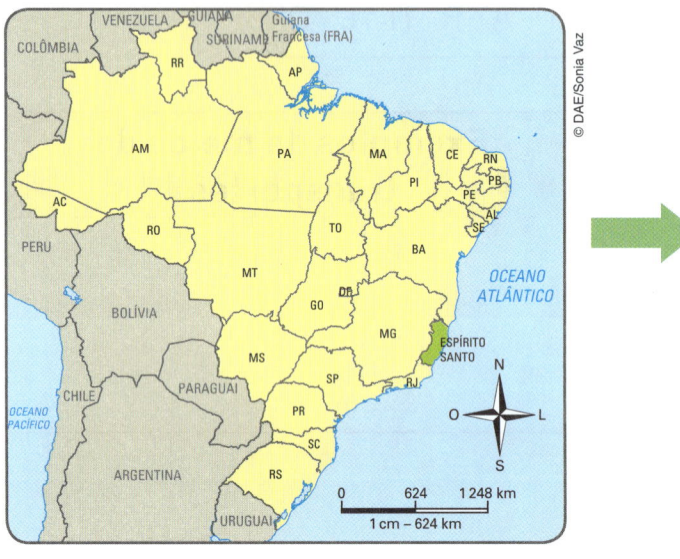

Fonte: *Atlas geográfico escolar*. 5. ed. Rio Rio de Janeiro: IBGE, 2012.

Espírito Santo: Político

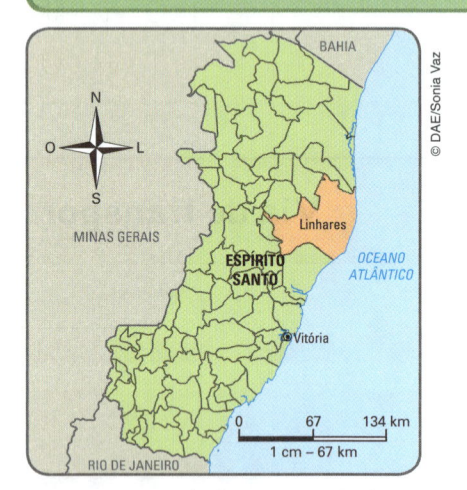

Fonte: IBGE Cidades. Disponível em: <http://www.ibge.gov.br/cidadesat>. Acesso em: ago. 2015.

Linhares (ES): Político

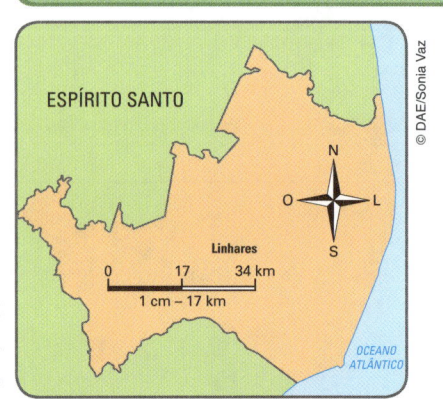

Fonte: IBGE Cidades. Disponível em: <http://www.ibge.gov.br/cidadesat>. Acesso em: ago. 2015.

1. O que os mapas representam?

2. Como se chama o município onde você vive? O que você sabe sobre ele?

Estados e municípios

O primeiro mapa da página anterior é um mapa político do Brasil. Mapa político é uma representação que mostra os limites entre os municípios, estados ou países. Ele pode indicar também outros elementos, como as capitais.

Observe o mapa político do Brasil.

Brasil: político

Fonte: *Atlas geográfico escolar*. 6. ed. Rio de Janeiro: IBGE, 2012. p. 90.

No mapa, é possível perceber que o Brasil é dividido em estados e um Distrito Federal, no qual está localizada Brasília, a capital do país.

Ao todo, são 26 estados: o maior é o Amazonas e o menor, Sergipe.

143

Os estados também se dividem em partes menores, chamadas municípios.

Os municípios são as menores unidades administrativas do Brasil. No Brasil existem 5 570 municípios (dados de 2014).

Cada estado tem determinada quantidade de municípios; ela não é a mesma em todos os estados.

Minas Gerais é o estado brasileiro com maior número de municípios (853 no total). São Paulo é o segundo, com 645 municípios. Roraima é o estado que tem menos municípios (apenas 15).

Minas Gerais: político

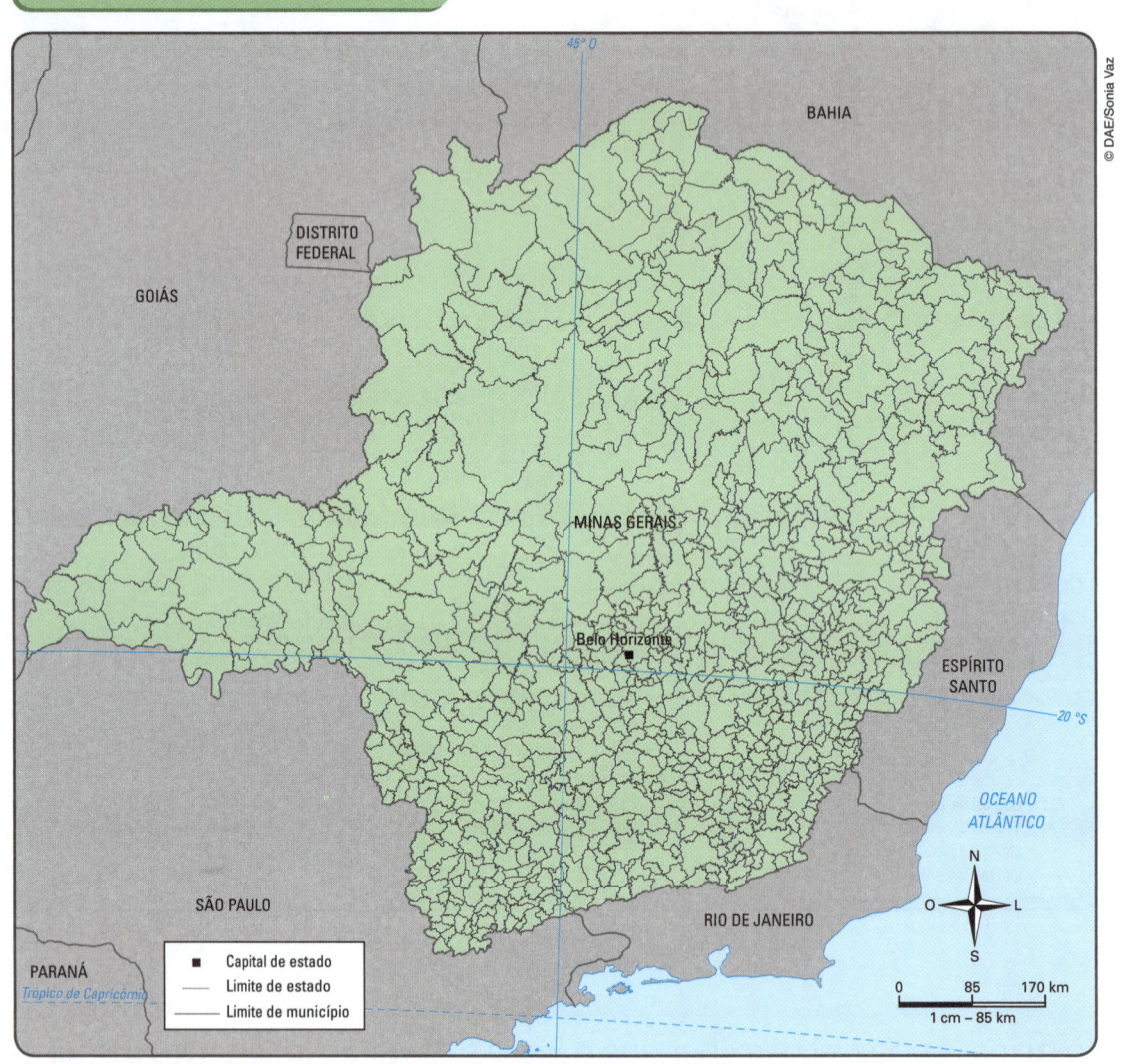

Fonte: IBGE Cidades. Disponível em: <www.ibge.gov.br/cidadesat>. Acesso em: ago. 2015.

Os municípios são as menores áreas de administração dentro do espaço estadual. Já o estado é uma área de administração do espaço federal. Em outras palavras, o município pertence ao estado, e o estado pertence ao país.

A seguir podemos ver uma fotografia de parte de um município pernambucano – Caruaru –, bem como o mapa político de Pernambuco com a localização desse município.

▶ Caruaru, Pernambuco, 2013.

Município de Caruaru

Fonte: *Atlas geográfico escolar*. 6. ed. Rio de Janeiro: IBGE, 2012. p. 167. Disponível em: <www.cidades.ibge.gov.br/xtras/perfil.php?lang=&codmun=260410>. Acesso em: jun. 2015.

Estados e municípios relacionam-se de diversas maneiras. Podemos notar esse vínculo, por exemplo, por meio da população. Há muitas pessoas que moram em um município, mas trabalham em outro e, por isso, precisam se locomover diariamente entre eles. Já a mobilidade entre estados geralmente está associada à mudança de lugar para morar. O motivo pode ser a busca de emprego ou de melhores condições de vida.

#NaRede

O Instituto Brasileiro de Geografia e Estatística (IBGE) tem um *site* muito útil para consultarmos dados relativos aos municípios do Brasil. Nele são encontrados gráficos, tabelas, históricos e mapas que traçam um perfil completo de cada uma das cidades brasileiras. Vamos aprender a consultá-lo?

- Acesse o endereço <http://cidades.ibge.gov.br>.
- Na barra superior, clique na sigla correspondente a seu estado. Uma nova página se abrirá mostrando dados e um mapa dos municípios desse estado.
- Observe essas informações e faça o que se pede.

1 Quantos municípios há no estado onde você vive?

_____

2 Clicando nos botões **+** e **−**, é possível aproximar ou distanciar a visão do mapa. Localize o município onde você vive.

a) Qual é o nome dele?

_____

b) Qual é a população desse município?

_____

c) Cite o nome de outros municípios do estado onde você vive.

_____

_____

_____

_____

d) Comparando o tamanho de seu município com outros do mesmo estado, ele pode ser classificado como grande ou pequeno?

_____

Atividades

1 Responda às questões a seguir.

a) Como o Brasil está dividido politicamente?

_____

b) Como os estados estão divididos politicamente?

_____

2 Você conheceu uma representação que se chama mapa. Lembra-se do mapa do Brasil, dividido em estados, o qual você observou anteriormente?

Mapa é uma representação feita em superfície plana de parte ou de toda a superfície da Terra, de forma reduzida.

O mapa político representa a divisão dos espaços, que, para serem representados, podem conter pontos, linhas e símbolos.

Mais uma vez, retome o mapa político do Brasil, na página 143, e responda às questões.

a) Como foram representadas as capitais?

_____

b) Como foram representados os limites entre os estados?

_____

c) Qual é a capital do estado onde você mora?

_____

d) Em que estado você mora? Qual é a capital desse estado?

_____

e) Quais são os estados vizinhos ao seu?

_____

_____

f) O estado brasileiro que tem mais municípios é _____ e o que tem menos municípios é _____ .

◈ Municípios: o campo e a cidade

Os municípios apresentam, normalmente, um espaço urbano e um espaço rural. Esses espaços são divididos em bairros ou distritos, cada um com características próprias.

No espaço urbano, ou cidade, concentram-se as atividades industriais, comerciais e de prestação de serviços. Nele está localizada a sede do município, por isso é chamado de distrito-sede.

No espaço rural, ou campo, encontram-se outros distritos ou bairros nos quais se desenvolvem principalmente as atividades relacionadas à pecuária, à agricultura e ao extrativismo.

Município de Campo Grande

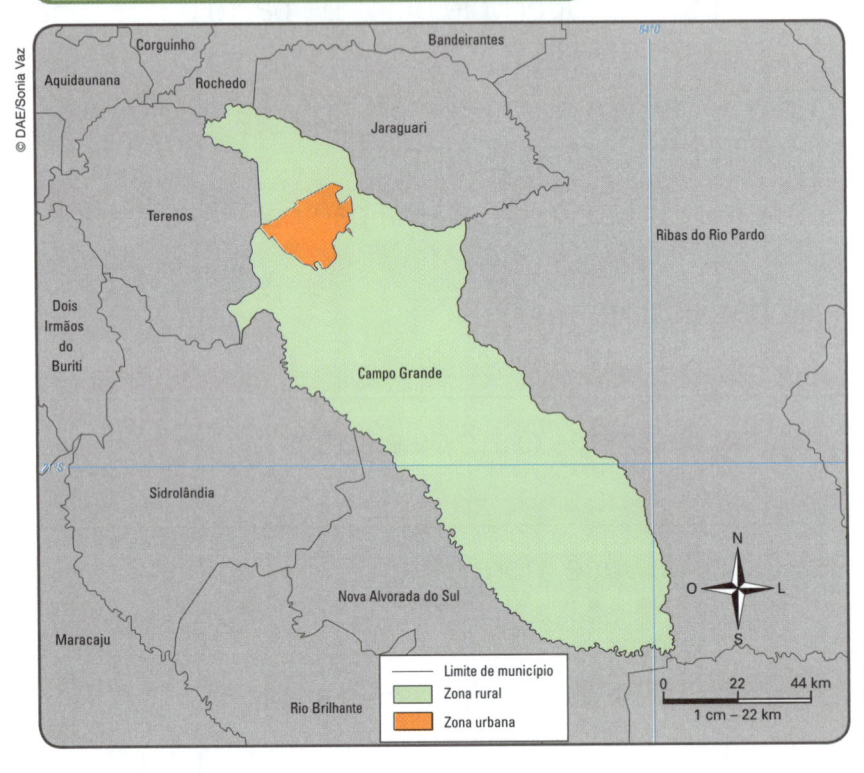

Fonte: Prefeitura Municipal de Campo Grande. Disponível em: <www.capital.ms.gov.br/egov/sisgran/geo/index.php?tabID=&campoID=>. Acesso em: nov. 2013.

▶ Exemplo de espaço rural. Campo Grande, Mato Grosso do Sul, 2015.

▶ Exemplo de espaço urbano. Campo Grande, Mato Grosso do Sul, 2012.

Atividades

1 Você mora na área urbana ou na área rural de seu município?

_____

2 Observe as imagens e, depois, faça o que se pede.

▶ Ana Maria Dias. *A caminho do rio*, 2007. Acrílico sobre tela, 50 × 60 cm.

▶ Cristiano Sidoti. *Hora do rush*, 2007. Óleo sobre tela, 50 × 80 cm.

a) Assinale as informações que se referem à imagem 1.

- ◆ ☐ Predomínio de construções.
- ◆ ☐ Menor número de moradores.
- ◆ ☐ Área de criação de animais e cultivo.
- ◆ ☐ Maior número de moradores.

b) Assinale as informações que se referem à imagem 2.

- ◆ ☐ Maior número de construções.
- ◆ ☐ Menor número de moradores.
- ◆ ☐ Predomínio de elementos naturais.
- ◆ ☐ Maior número de moradores.

c) Complete a frase: A imagem 1 retrata a área _____ e a imagem 2 a área _____.

Os limites do município

Os espaços de uma casa estão separados por paredes, cortinas ou móveis. Esses elementos representam o limite entre as partes de uma residência, demarcando onde começa e onde termina cada cômodo.

Em um estádio de futebol, costumam-se demarcar as áreas que separam as torcidas. Em uma quadra de vôlei, a rede e as linhas pintadas marcam o limite do campo para cada time. Muros e cercas separam o terreno de construções.

▶ As linhas da quadra e a rede marcam o limite do campo de cada time. Londres, Inglaterra, 2012.

O espaço do município é definido ou demarcado por elementos naturais, como os rios, ou culturais, como as estradas.

▶ O limite entre as cidades pode ser uma linha imaginária, por isso utilizamos placas para sinalizá-lo. Teresópolis, Rio de Janeiro, 2014.

▶ Um elemento da paisagem pode marcar um limite. O Rio São Francisco é o limite entre o município de Juazeiro, no estado da Bahia, e o município de Petrolina, em Pernambuco. Petrolina, Pernambuco, 2012.

Atividades

1 Observe as imagens e indique qual delas apresenta um limite natural e qual apresenta um limite cultural.

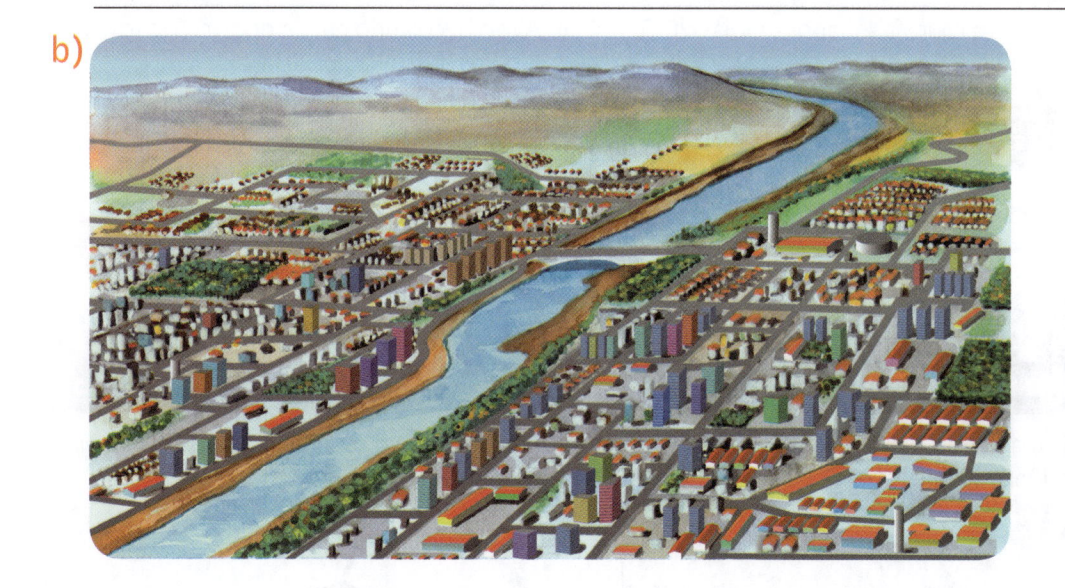

a)

b)

_____

2 Que municípios fazem limite com o município onde você mora? Você pode pesquisar essas informações no *site* <http://cidades.ibge.gov.br>.

_____

_____

◈ Vias de transporte

Para o transporte de mercadorias e pessoas, nas áreas urbanas e rurais e entre elas, são usadas vias de transporte.

As vias de transporte podem ser terrestres, aéreas e aquáticas.

São exemplos de **vias terrestres** as ruas, avenidas, rodovias, estradas e ferrovias, por onde se movimentam, por exemplo, carros, bicicletas, motocicletas, charretes e trens.

Pelas vias **aéreas** deslocam-se aviões e helicópteros.

Nas vias **aquáticas**, como o mar, os rios, lagos ou lagoas, trafegam navios, barcos, canoas e jangadas.

▶ Veículos em rodovia. Anápolis, Goiás, 2015.

▶ Avião decolando em aeroporto. São José do Rio Preto, São Paulo, 2014.

▶ Hidrovia do Rio Madeira. Porto Velho, Rondônia, 2014.

▶ Caminhões em estacionamento de rodovia. Miranorte, Tocantins, 2013.

▶ Embarcações atracadas em porto. Santarém, Pará, 2014.

▶ Helicóptero em voo. Foz do Iguaçu, Paraná, 2015.

Baú de informações

Vias públicas malconservadas têm ocasionado transtornos aos cidadãos que sofrem com o desgaste do asfalto, buracos, pedregulhos soltos, bueiros abertos e falta de sinalização que os alerte sobre esses problemas. Além de prestar atenção no trânsito que em muitas cidades brasileiras tem estado cada vez mais caótico, motoristas e pedestres devem manter-se em estado de alerta quanto à estrutura física da via na qual se locomovem.

O desgaste do asfalto e a abertura de crateras em vias pavimentadas, ou não pavimentadas, são eventos comuns, mas nem por isso devem ser de convivência aceitável.

Rachaduras, pedregulhos soltos, bueiros abertos e buracos podem se tornar grandes inconvenientes a pedestres, motoristas e ciclistas.

> **Vocabulário**
>
> **Caótico:** desordenado, bagunçado.
>
> **Via pavimentada:** caminho cujo solo foi revestido (com asfalto, por exemplo).

Disponível em: <www.ambito-juridico.com.br/site/?n_link=revista_artigos_leitura&artigo_id=11884>.
Acesso em: jan. 2015.

▶ Passarela malconservada. São Paulo, São Paulo, 2015.

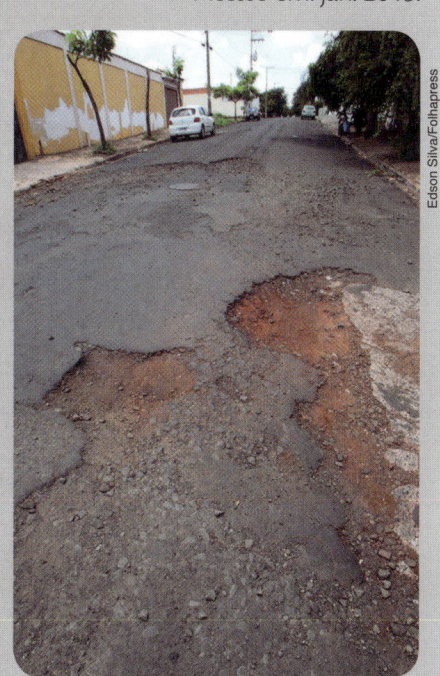

▶ Rua esburacada. Ribeirão Preto, São Paulo, 2014.

Brincar e aprender

1 Encontre as onze diferenças. Para isso compare as duas imagens e marque um **X** no que está diferente na segunda imagem.

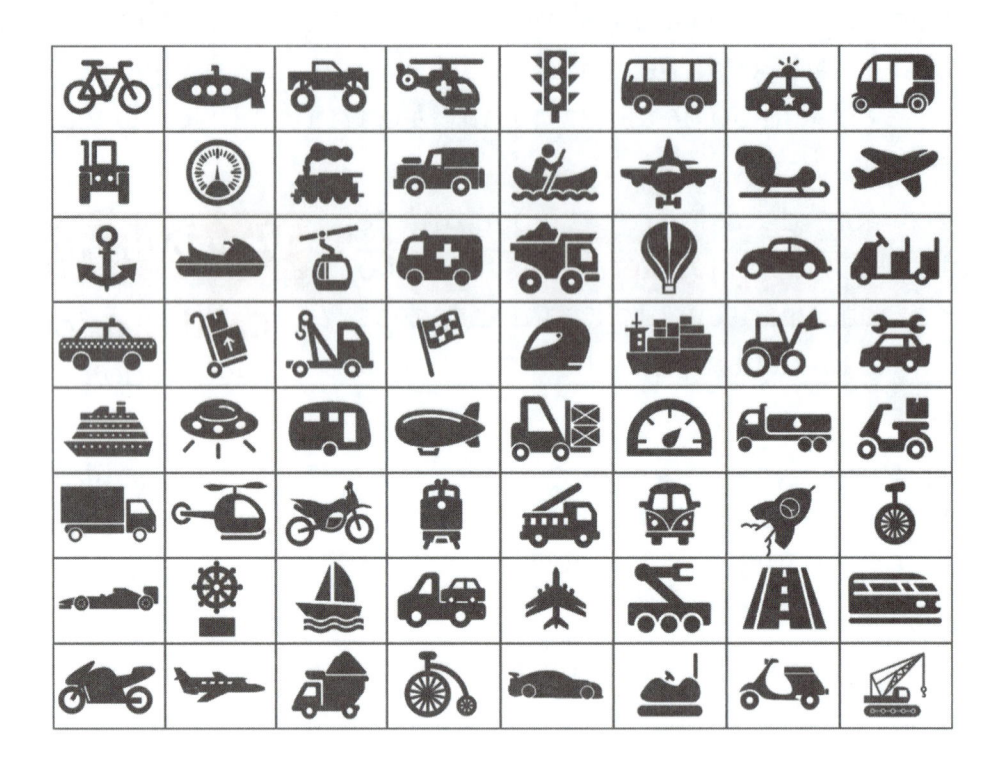

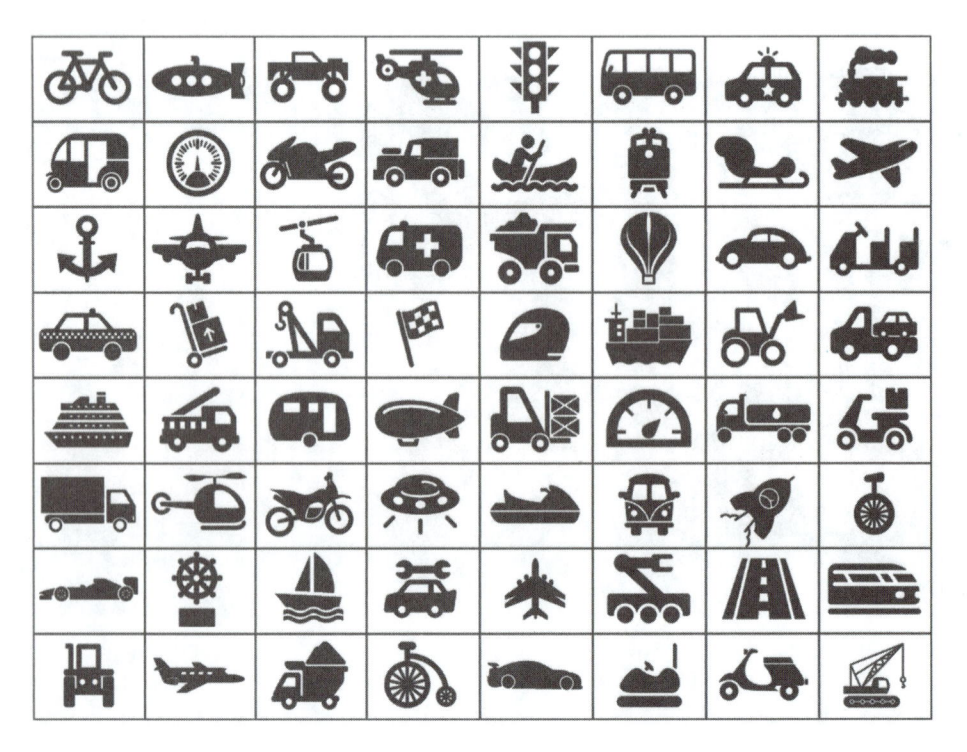

❯ O governo do município

No Brasil, representantes do povo administram os bens e serviços públicos, isto é, que, respectivamente, pertencem e atendem a todas as pessoas.

Essa administração é dividida em três partes: o Poder Legislativo, o Poder Executivo e o Poder Judiciário.

O Poder Legislativo elabora as leis. O Poder Executivo executa as leis e administra os interesses públicos. O Poder Judiciário é responsável por garantir o cumprimento das leis.

▶ A Praça dos Três Poderes é formada pelos três prédios que representam os poderes administrativos do Brasil: o Palácio do Planalto representa o Poder Executivo, o Supremo Tribunal Federal representa o Poder Judiciário e o Congresso Nacional representa o Poder Legislativo. Brasília, Distrito Federal, 2013.

A maior autoridade do município é o prefeito. Ele representa o Poder Executivo no município. A prefeitura é o local de trabalho dele.

O prefeito é escolhido pela população por meio de eleição. Quando eleito, governa por quatro anos; na eleição seguinte, se for novamente o mais votado entre os candidatos, é reeleito por mais quatro. Junto com o prefeito é eleito o vice-prefeito, que tem a função de substituí-lo quando ele precisar se afastar do cargo.

Na administração do município, o prefeito é auxiliado por secretários municipais. Eles cuidam de diversas áreas, como saúde, educação, segurança pública, habitação, meio ambiente, transporte, entre outras.

Todos os serviços públicos prestados pela prefeitura – como escolas e creches; postos de saúde e hospitais públicos; pavimentação de ruas; limpeza pública; construção e manutenção de praças e parques; organização do trânsito etc. – são pagos com o dinheiro da população arrecadado por meio de taxas e impostos. O governo do país e o dos estados também cobram taxas e impostos para investir em bens e serviços públicos. Decidir onde será aplicado o dinheiro arrecadado é uma tarefa do prefeito, que precisa ser aprovada pela Câmara dos Vereadores.

Os vereadores também são eleitos pelo povo para mandatos de quatro anos. Eles fazem parte do Poder Legislativo e elaboram as leis municipais. Trabalham na Câmara Municipal.

▶ Fachada da Prefeitura Municipal. São Francisco de Paula, Rio Grande do Sul, 2015.

▶ Câmara Municipal. Cuiabá, Mato Grosso, 2014.

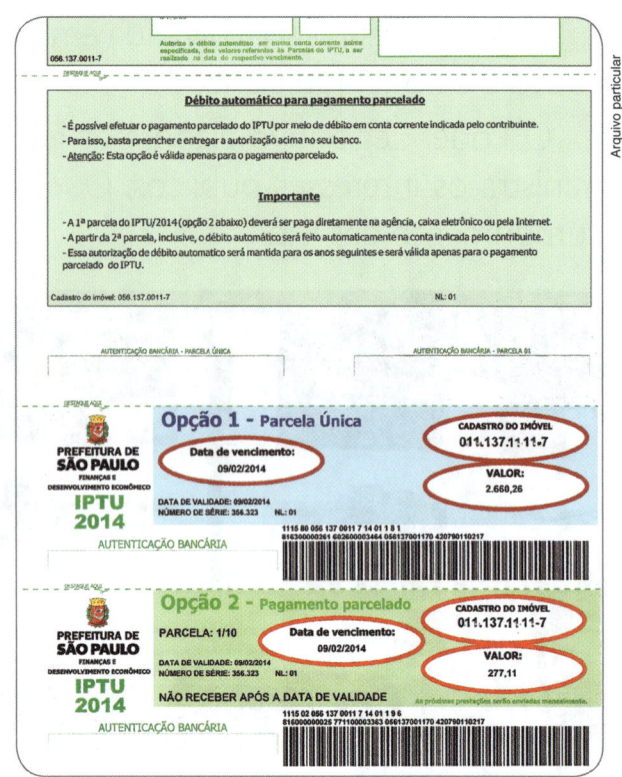

▶ O Imposto Predial e Territorial Urbano (IPTU) é o imposto cobrado das propriedades localizadas em áreas urbanas. Ele é recolhido anualmente pela prefeitura de cada município. São Paulo, São Paulo, 2014.

Para ir mais longe

Site

▶ *Plenarinho*. <www.plenarinho.gov.br>.

Apresenta notícias e informações sobre cidadania, os três poderes, eleições, notícias, meio ambiente e saúde.

▶ *Jogo do orçamento*. <http://imagem.camara.gov.br/internet/midias/plen/swf/Jogos/jogo_do_orcamento/jogo_do_orcamento.htm>.

Jogo no qual é possível se colocar como administrador de um município e destinar os recursos públicos para setores como segurança, saúde, lazer, educação e transportes. Durante o jogo é possível acompanhar a opinião dos cidadãos quanto ao investimento do dinheiro público.

Atividades

1 Associe corretamente as colunas.

a) Poder Legislativo ⬜ Governa e administra os interesses públicos.

b) Poder Executivo ⬜ Elabora as leis.

c) Poder Judiciário ⬜ Fiscaliza o cumprimento das leis.

2 Além dos prefeitos dos municípios, os governadores dos estados e o presidente do país fazem parte do Poder Executivo.

Troque ideias com os colegas e o professor e responda às questões a seguir.

a) Quem é o atual presidente do Brasil?

_____

b) Quem é o governador do estado onde você vive?

_____

c) Quem é o prefeito de seu município?

_____

3 Pinte de verde se a frase se referir ao prefeito, de amarelo se fizer referência aos vereadores e de azul se estiver relacionada com o vice-prefeito.

a) ⬜ Assume as funções do prefeito quando ele precisa se afastar do cargo.

b) ⬜ Aplica o dinheiro público em obras que trarão benefícios para a população.

c) ⬜ Propõem, discutem e aprovam as leis a serem aplicadas no município.

d) ⬜ Administra os recursos provenientes dos impostos.

e) ⬜ Verificam se estão sendo cumpridas as metas de governo.

4. Observe a imagem e responda às questões. Em seguida, converse com os colegas sobre suas respostas.

Ônibus parado para embarque. Rio de Janeiro, Rio de Janeiro, 2014.

a) A cena que você observa na fotografia é comum?

_____

b) Você já presenciou esse tipo de situação no lugar em que vive?

_____

c) Quem é responsável por garantir o transporte público urbano à população?

_____

5. Prefeitos e vereadores são eleitos pela população por meio de votos. No Brasil são proibidas a compra de votos e a chamada "boca de urna". Esta última corresponde à propaganda feita pelo candidato e seus auxiliares no dia das eleições para influenciar os eleitores. Quanto a isso, responda às questões a seguir.

a) Para quem o voto é obrigatório no Brasil?

_____

b) Em sua opinião, como se poderia evitar a boca de urna?

_____

_____

6. Por que é importante escolher bem os representantes dos poderes Executivo e Legislativo?

_____

_____

Revendo o que você aprendeu

1) Assinale **C** para certo ou **E** para errado nas seguintes afirmações.

   a) ☐ O Brasil apresenta uma divisão em estados.

   b) ☐ Os estados estão divididos em municípios.

   c) ☐ Os municípios são unidades políticas maiores que os estados.

   d) ☐ Os estados brasileiros têm o mesmo número de municípios.

   e) ☐ A cidade é a sede de um município.

2) O que são limites?

   _____
   _____
   _____

3) Dê exemplos de elementos que podem ser usados para definir o limite entre os municípios.

   _____
   _____

4) Marque **V** nas frases verdadeiras e **F** nas falsas.

   a) ☐ No Brasil, o prefeito é eleito para um mandato de seis anos.

   b) ☐ Os secretários municipais cuidam de serviços ligados à saúde, à educação, à habitação e aos transportes.

   c) ☐ O governador representa, no município, o Poder Executivo.

   d) ☐ Prefeitos e vereadores são eleitos pelo voto das pessoas que moram no município.

   e) ☐ No Brasil, o voto é obrigatório para pessoas de 18 a 70 anos de idade.

5) Qual é a principal responsabilidade de cada poder? Responda no caderno.

159

Atividades para casa

CAPÍTULO 1

1 Complete os espaços com as palavras que faltam.

a) A paisagem da cidade também pode ser chamada de paisagem _____.

b) Na cidade encontramos o predomínio de elementos _____.

c) Nos centros urbanos temos _____ número de pessoas e construções.

d) De acordo com os números de _____, as cidades podem ser classificadas em pequenas, médias e grandes.

2 Observe as ilustrações, que representam elementos da paisagem, e responda à questão a seguir.

a)

b)

c)

d)

Quais desenhos representam elementos predominantes nas cidades? Justifique sua resposta.

_____
_____
_____

Atividades para casa

CAPÍTULO 2

1 Escolha um dos produtos industrializados que há em sua casa e, com base nele, complete o quadro a seguir.

Nome do produto	
Matéria-prima	
Origem da matéria-prima	
Desenho do produto	

2 Observe esta imagem e responda às questões.

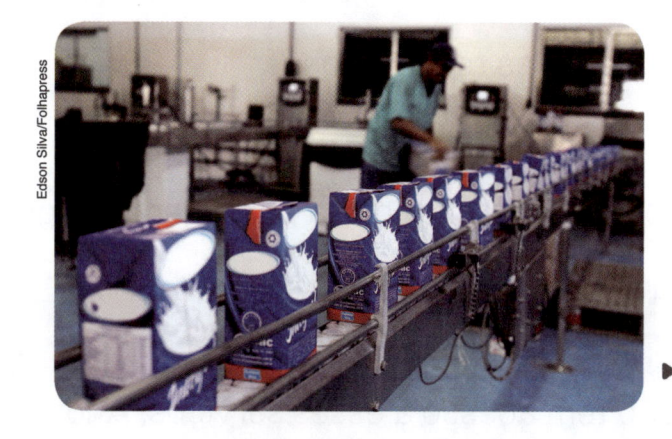

▶ Ribeirão Preto, São Paulo, 2012.

a) Que produto está sendo industrializado?
_____

b) Qual é a matéria-prima desse produto? E sua origem?
_____

c) Que outros produtos podem ser fabricados com essa matéria-prima?
_____

161

Atividades para casa

CAPÍTULO 3

1 Escreva **C** para certo ou **E** para errado nas afirmações a seguir.

a) ⬜ A cidade apresenta construções novas e antigas.

b) ⬜ Em uma cidade, os elementos naturais foram bastante alterados.

c) ⬜ Fazem parte do patrimônio histórico os elementos naturais de uma cidade.

d) ⬜ A moradia não deve estar em situação de risco.

e) ⬜ Nas cidades convivemos com muitos sons diferentes.

2 Escreva **A** para água, **E** para esgoto e **L** para lixo.

a) ⬜ Não se deve deixar que acumule nas ruas.

b) ⬜ Antes de ser consumida, precisa ser tratada.

c) ⬜ Sai contaminado ou poluído das residências.

d) ⬜ Quando não é tratado, polui os rios.

e) ⬜ Pode parar nos rios e bueiros, dificultando a passagem da água.

f) ⬜ É indispensável para a vida.

3 Pesquise se, na área urbana de seu município, a água e o esgoto são tratados e se toda a população tem acesso a esses serviços. Anote os resultados.

_____

_____

_____

_____

Atividades para casa

CAPÍTULO 4

1 Complete as frases.

a) O espaço do campo também é chamado de espaço _____.

b) Duas atividades importantes que se desenvolvem no espaço do campo são: _____ e _____.

2 Circule as características das paisagens do campo.

a) muitas construções

b) atividades ligadas à terra

c) intenso movimento de veículos

d) menor número de pessoas e veículos

e) destaque para o comércio e a indústria

f) máquinas agrícolas

3 Responda às questões a seguir.

a) Qual é o nome da máquina utilizada na colheita de diferentes produtos agrícolas?

_____

b) Qual é o nome da máquina que ajuda os agricultores a plantar as sementes em filas bem espaçadas?

_____

c) Qual é o nome da máquina que revira o solo, preparando-o para o plantio?

_____

4 Complete o diagrama de palavras.

1 Pequena propriedade rural onde são criadas aves.
2 Pequena propriedade rural, com horta e pomar, muito utilizada como área de lazer de famílias que moram nas cidades.
3 Um dos produtos que se destacam na agricultura familiar.
4 Grande propriedade rural, na qual se pratica a monocultura.

```
              1 [ R ] [ ] [ ] [ ]           3
                    U                       [ ]
        2 [ ] [ ] [ ] [ ] [ R ]             [ ]
                    A                       [ ]
              4 [ L ] [ ] [ ] [ ] [ ] [ ] [ ] [ ]
```

5 Qual é a diferença entre pomar e horta?

_____

_____

6 Relacione as colunas.

◯ grandes propriedades

◯ pequenas propriedades

◯ policultura

a) sistema de subsistência

◯ monocultura

b) sistema comercial

◯ minifúndio

◯ latifúndio

◯ maior mecanização

164

Atividades para casa

CAPÍTULO 5

1) Faça o que se pede.

a) Explique a diferença entre agricultura, pecuária e extrativismo.

_____
_____
_____

b) Cite exemplos de produtos provenientes do extrativismo vegetal.

_____
_____

c) Cite exemplos de produtos provenientes do extrativismo mineral.

_____
_____

2) Analise as frases e depois corrija as que estiverem incorretas.

a) O extrativismo é a atividade de criar animais e cultivar a terra.

_____
_____

b) Os recursos extraídos da natureza possibilitam fabricar diversos produtos, desde os mais simples até os mais sofisticados.

_____
_____

c) Existem apenas dois tipos de extrativismo: animal e vegetal.

_____
_____

165

Atividades para casa

CAPÍTULO 6

1 Complete as frases.

a) Se o solo é muito encharcado, deve ser feita a _____.

b) Se é necessário tornar o solo mais fértil, é preciso fazer a _____.

c) Se falta água no solo para que o agricultor faça o plantio, podemos corrigir esse problema com a _____.

2 Explique como as atividades a seguir causam problemas ambientais.

a) extração de minérios

_____

_____

b) desmatamento

_____

_____

c) queimada

_____

_____

3 Para que são utilizados os agrotóxicos e que problemas seu uso pode causar?

_____

_____

_____

_____

_____

Atividades para casa

CAPÍTULO 7

1 Pinte de **amarelo** se o produto vai do campo para a cidade e de **azul** se ele vai da cidade para o campo.

relógio	milho	morango	ouro
madeira	laranja	soja	óleo de soja
corrente de ouro	amendoim	papel	ovo

2 Cite duas razões que podem levar uma pessoa a deixar o campo em busca da cidade.

_____

_____

3 Elabore desenhos de algumas dificuldades encontradas pelo trabalhador rural ao chegar às cidades.

Atividades para casa

CAPÍTULO 8

1 Complete as frases.

a) Os _____ são as menores unidades administrativas do Brasil.

b) Eu moro no município _____
_____ que fica no estado.

2 Pesquise informações sobre a origem de seu município, destacando quando foi fundado e como surgiu. Escreva suas descobertas no caderno e, no dia marcado pelo professor, apresente o resultado da pesquisa para os colegas.

3 O espaço do município está dividido em área rural e área urbana. Pinte as atividades relacionadas a seguir de acordo com a legenda.

🟥 Atividade urbana

🟩 Atividade rural

a) ⬜ agricultura

b) ⬜ comércio

c) ⬜ pecuária

d) ⬜ extrativismo

e) ⬜ industrialização

f) ⬜ prestação de serviços

4 Para transitar pelo município são necessárias vias e meios de transporte adequados. Cite um meio de transporte utilizado somente no espaço urbano e um meio de transporte utilizado somente no espaço rural.

5 No Brasil, são eleitos representantes para administrar e governar o país, os estados e os municípios. Complete o quadro com o nome dos representantes dos poderes.

Unidade	Executivo	Legislativo
País		
Estado		
Município		

6 Assinale com um **X** as informações corretas sobre o voto nas eleições brasileiras.

a) ◯ No Brasil escolhemos nossos representantes pelo voto livre e secreto.

b) ◯ O voto no Brasil é obrigatório para as pessoas de 18 a 70 anos.

c) ◯ O voto é facultativo – isto é, não é obrigatório – para quem tem idade entre 16 e 18 anos e mais de 70 anos, bem como para os analfabetos.

d) ◯ No Brasil todos podem votar.

e) ◯ Eleitor é aquele que elege os seus representantes.

7 O que são impostos? Pesquise e escreva o nome de algumas taxas e impostos cobrados pelo governo.

_____
_____
_____
_____
_____

Encartes

Atividade para a página 44.

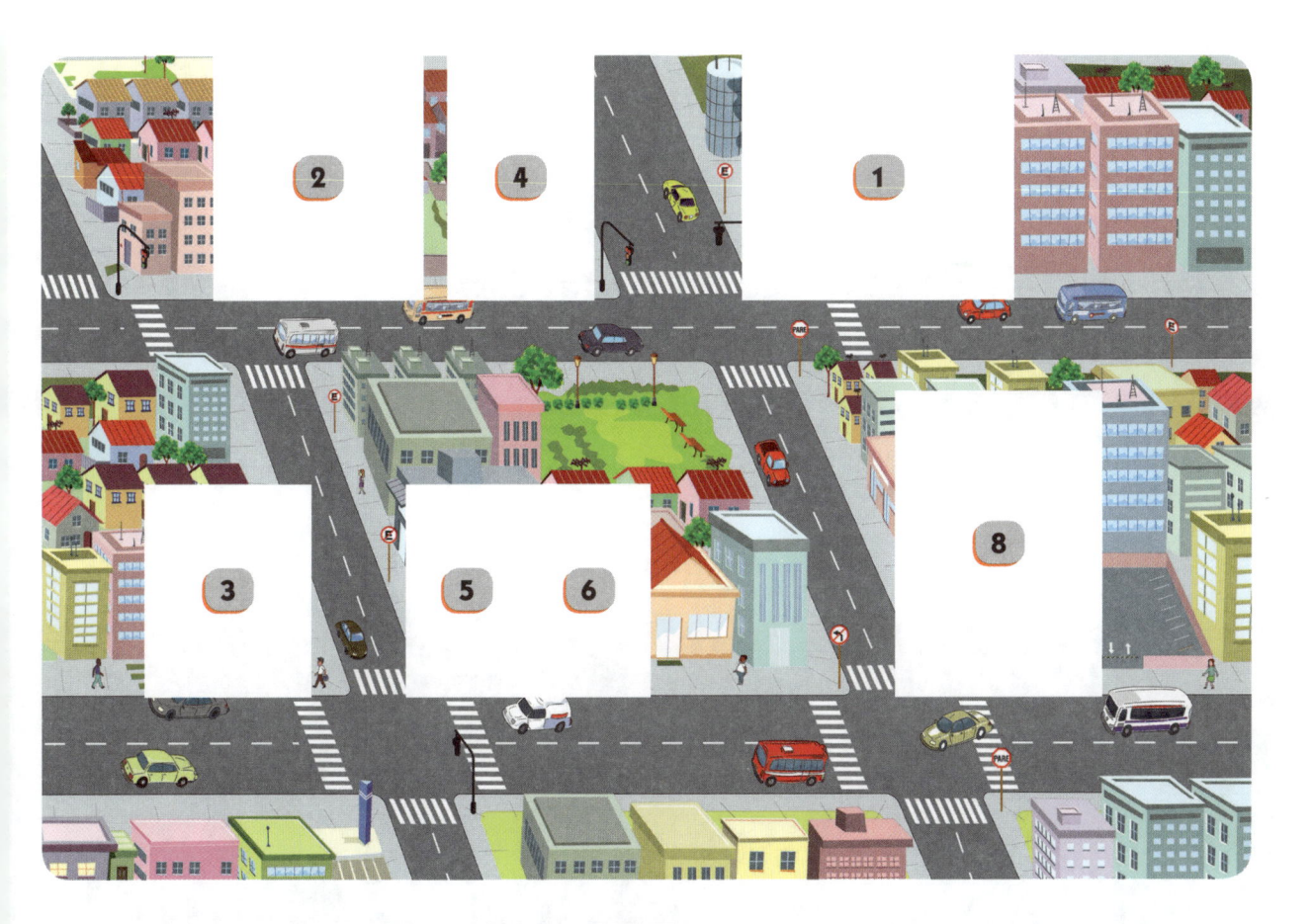

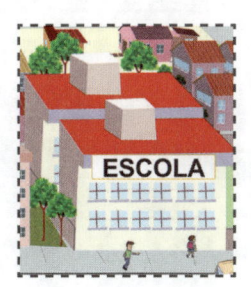

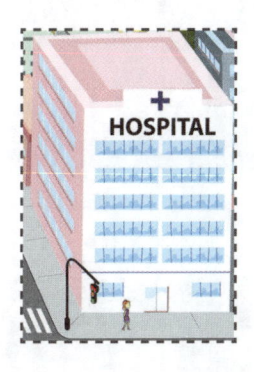

Atividade para a página 133.

BOVINOCULTURA

CAPRINOCULTURA

OVINOCULTURA

SUINOCULTURA

SERICULTURA

APICULTURA

PISCICULTURA

AVICULTURA

175